하루 딱 9분, 인생 성공을 만드는 바른 자세의 힘

THE LIFE POSE

라이프 포스

엄태호

법적 고지문(Disclaimer)

본 저작물은 일반적인 건강관리와 자세 습관 개선을 돕기 위한 실천을 목적으로 작성되었습니다. 본문에서 소개하는 모든 루틴, 운동, 실천법은 저자의 연구, 경험, 인터뷰, 국내외 학술 자료를 바탕으로 구성된 정보이며, 의학적 진단이나 치료를 대체하지 않습니다. 만성 질환, 수술 이력, 근골격계 질환, 호흡기 또는 신경계 질환이 있는 독자는 책의 내용을 적용하기 전에 반드시 의사 또는 전문의와 상담하시기를 권장합니다.

본문에 언급된 사례는 실제 인터뷰나 임상 연구를 토대로 재구성된 것이며, 개인차가 있을 수 있습니다. 본문의 내용을 바탕으로 한 실천 과정에서 발생할 수 있는 건강상의 문제에 대해서는 법적 책임을 지지 않습니다. 또한 제품이나 도구의 언급은 특정 브랜드를 추천하거나 보장하는 의미가 아니며, 선택은 전적으로 독자의 자율에 맡깁니다.

THE
LIFE
POSE

라이프포스

엄태호 지음

**하루 딱 9분,
인생 성공을 만드는
바른 자세의 힘**

지식공감

추천사

"나는 이 책이 말하는 포스 퍼포머의 삶을 지금까지도 살고 있다. 세계 어디를 가든 매일 새벽 5시에 기상해 하루를 운동으로 시작하며 깨달은 것은, 진정한 성과와 리더십은 자기관리에서 비롯된다는 사실이다. 『라이프 포스』는 하루 9분 자세 정렬 루틴을 통해 삶 전체의 성과를 높이는 법을 전례 없는 시도로 풀어간다."

— 구자관(기업인: 주)삼구아이앤씨 회장 / 도산아카데미 이사장)

"평생 세무 현장에서 활동하며 깨달은 것은, 진정한 자산은 돈이 아니라 건강이라는 사실이다. 이 책은 올바른 습관, 특히 바른 자세 정렬을 통해 복리의 효과로 장수와 건강을 누리는 방법을 전한다. 이는 저자가 쌓아온 16년 노력의 결정체다. 후배 세대는 물론, 내 또래 시니어 세대에게도 자신 있게 권한다."

— 조용근(세무사: 세무법인 석성 회장 / 석성장학회 이사장)

"긴 세월 비즈니스로 만난 유럽의 귀족들, 상류사회의 리더들과 교류하며 내가 깨우친 것은 그들의 우아한 품격은 단순한 배경이 아니라 그들이 보여주는 몸가짐과 태도에서 비롯된다는 사실이다. 『라이프 포스』는 바른 자세와 하루 9분 루틴이 어떻게 건강과 자신감은 물론, 삶의 품격까지 완성하는지를 보여준다."

— 권기찬(기업인: 주)웨어펀인터내셔널 회장 / 한국문화예술회관연합회 이사장)

"무를 유로 바꾸지 않고도 무를 유처럼 쓰는 것이 창조생활이다. 바르게 쓰지 않던 자신의 마음과 신체를 바르게 사용하는 것과 같다. 『라이프 포스』는 바른 자세와 작은 습관이라는 평범한 일상 속 창조생활을 맞이할 수 있음을 보여주는 책이다."

─ 강우현(예술가: 상상크리에이터 / 멀티 아티스트)

"기업 경영의 성패는 결국 리더의 자기관리에서 비롯된다. 『라이프 포스』는 바른 자세와 올바른 습관이 어떻게 건강과 성과, 그리고 삶의 균형으로 연결되는지를 통찰력 있게 제시하는 책이다. 리더는 물론, 모든 직장인이 자기관리의 본질을 되짚고 실천의 동기를 얻을 수 있는 마음으로 새겨볼 만한 메시지가 흥미롭게 담겨있다."

─ 소효근(기업인: 주)컬리넌홀딩스 대표이사
/ 전 국제로타리3650지구(서울) 총재)

"세상에서 이기는 습관은 곧 바른 자세와 꾸준한 루틴에서 출발한다는 흥미로운 주제를 다루고 있다. 100세 시대를 살아가는 우리가 어떻게 건강하게, 그리고 의미 있게 승리하는 삶을 살 수 있는지를 알려주는 귀한 책이다."

─ 전옥표(목회자: 충만한교회 담임목사
/ 작가: 『이기는 습관』 외 다수 저자)

"자세가 바르면 몸이 곧게 서고, 몸이 바르면 마음도 저절로 곧아진다. 그러나 오래된 습관을 바꾸는 일은 쉽지 않다. 『라이프 포스』는 단 하루 9분의 실천으로 그 변화를 가능케 하며, 저자의 통찰을 통해 건강과 성과, 그리고 삶 전체의 기적을 경험하게 될 것이다."

- 노병천(리더십 박사: 대한민국 손자병법과 이순신 연구 분야 최고 전문가
/ 『세종처럼 이순신처럼』 외 다수 저자)

"건강은 결심이 아니라 꾸준한 실천에서 비롯된다. 『라이프 포스』는 바른 자세와 생활 습관을 통해 몸을 오래도록 지키는 법을 보여준다. 특히 저자가 제안하는 하루 9분 루틴은 누구나 따라 할 수 있는 단순하지만 강력한 실천법으로, 평생 현역으로 살아가고자 하는 이들에게 꼭 필요한 지혜이다."

- 정대영(의료인: 강남 성모정형외과의원 원장
/ SOT도수운동치료연구소 소장 / 차의과대학 통합대학원 정형의학,
운동재활 겸임교수)

"저속노화의 핵심은 몸을 지탱하는 올바른 자세에서 시작된다. 저자가 강조하는 바른 자세와 습관이 어떻게 건강과 활력을 지켜주는지를 권위 있는 레퍼런스를 통해 과학적으로 보여주는 책이다. 오래도록 젊음을 유지하며, 성과를 내고 싶은 모든 이들에게 『라이프 포스』를 자신 있게 권한다."

- 오재근(대학교수: 한국체육대학교 운동건강관리학과 교수
/ 대한체육회 의무분과위원)

"이 책은 저자가 현장에서 16년간 접한 수많은 사람의 습관과 철학을 몸의 자세라는 관점에서 바라본다. 보통 사람들은 일과 삶 속에서 빠른 결과를 내고자 노력하지만, 나는 그들에게 이렇게 얘기해 주고 싶다. 이 책을 읽고 자신의 삶을 잠시 멈추고, 돌아본 후 어떻게 나아가야 할지를 고민해 보라고."

― 백종원(언론인: 월간 파워코리아 발행인)

"언론인으로서 지켜본 우리 청소년들의 현실은, 바르지 못한 자세가 학업과 생활 전반에 부정적인 영향을 끼치고 있다는 사실이다. 『라이프 포스』는 그 문제를 하루 9분 루틴이라는 실천적 해법으로 풀어내며, 교육자와 학생 모두에게 꼭 필요한 책이라 생각한다."

― 김학균(언론인: OBS경인TV 대표이사)

"『라이프 포스』는 자세 건강을 자기계발로 승화시킨 유니크한 책이다. 지휘자로서 자세의 중요성을 누구보다 잘 알고 있기에, 하루 9분의 자세 정렬 루틴이야말로 모든 사람에게 적용 가능한 가르침이라 생각한다."

― 서희태(예술가: KNN방송교향악단 음악감독, 상임지휘자
/ 작가: 『클래식 경영 콘서트』 저자)

"나는 '천천히, 꾸준히, 한 걸음씩'이라는 말을 좋아한다. 하루 단 9분만 올바른 자세에 투자한다면, 건강은 물론 삶의 자신감과 성공까지 자연스럽게 따라올 것이다. 『라이프 포스』는 작은 습관이 큰 변화를 만드는 복리의 힘을 바로 실천할 수 있도록 쉽고 흥미롭게 풀어냈다."

― 바디해커, 아놀드 홍(스포츠 트레이너
/ 작가: 『어서 와! 간단키토는 처음이지?』 외 다수 저자)

"나이를 막을 수는 없지만, 노화의 속도는 누구나 작은 실천으로 조절할 수 있다. 이 책은 바른 자세와 웰니스 루틴을 통해 일상의 작은 실천으로 운동과 함께 건강수명을 돕는 매뉴얼이 될 것이다."

– 박수희(스포츠 트레이너 / 유튜버: 몸쌤–무브어게인
/ 작가: 『몸이 변하면 인생이 변한다』 저자)

"『라이프 포스』는 16년 동안 '자세와 습관' 오직 한 길을 걸어온 저자의 삶을 통해 바른 자세가 건강을 넘어 성과와 마인드셋까지 바꿀 수 있음을 보여준다. 이 책은 몸과 마음, 그리고 삶의 방향까지 바로 세우는 진정성 있는 여정을 담고 있다."

– 조정민(가수 겸 영화배우)

"저자와 강연을 통해 처음 인연을 맺으며 들었던, 큰 도전과 어려움을 '정리의 힘'으로 극복하고 삶을 재정비한 스토리는 지금도 깊은 울림으로 내게 남아 있다. 이후 저자의 자세 정렬 챌린지 프로그램을 직접 실천하면서, 바른 자세가 단순히 몸의 변화를 넘어 삶의 태도와 마인드셋까지 바꾼다는 사실을 깨달았다. 이 책을 통해 많은 분이 '바른 자세가 만들어내는 놀라운 정리의 삶'을 경험하길 바란다."

– 윤선현(정리 컨설턴트 / 한국정리력협회 협회장
/ 작가: 『하루 15분 정리의 힘』 저자)

"우리는 자기계발서가 범람하는 시대에 살고 있다. 자기계발서의 사명은 누구나 알고 있는 결론을 '새로운 시각'에서 바라보게 해주는 것이다. 하지만 그런 책은 거의 없다. 『라이프 포스』는 '올바른 자세'라는 축을 중심으로 삶을 바꾸어 주는 명제들을 재정리하는 책이다. 누구도 이렇게 생각한 적이 없을 것 같은 내용들이 '자세'라는 단어로 해체되고 재구축된다. 놀라운 통찰과 열정이다. 이 책은 인사이트 면에서의 독창성뿐 아니라 도전을 멈추지 않는 저자의 삶도 고스란히 녹아있다. 이 책을 통해 올바른 신체의 자세뿐 아니라, 올바른 마음의 자세까지도 얻을 수 있을 것이라 기대한다."

– 이윤규(변호사: 법무법인 가림 / 유튜버:드림스쿨이윤규
/ 작가: 『공부의 본질』 외 다수 저자)

"성공을 지탱하는 진짜 힘은 자산도, 스펙도 아닌 '바른 자세와 태도'이다. 자세는 마음가짐부터 건강까지 모든 것을 결정짓기 때문이다. 이 책은 그 근본을 바로 세워줄 단 하나의 실천 안내서다. 『라이프 포스』가 삶에 새로운 질서와 에너지를 불어넣을 것이라 확신한다."

– 오두환(기업인: 20개 계열사 및 오케팅 홀딩스 의장
/ 작가: 『광고의 8원칙』, 『오케팅』 외 다수 저자)

첫 집필을 시작하며

"인생은 거대한 도약이 아니라,
작은 순간들의 연속이다.
그 순간을 붙잡아 바르게 서는 것,
그것이 변화를 시작하는 힘이다."

이 책은 한 곡의 노래를 들으며 시작된 작은 울림에서 출발했다.
최백호의 〈찰나〉는 이렇게 속삭였다.
"처음의 두려움 앞에서 한 번뿐인 순간을 어떻게 사느냐가 곧 인생을 만든다고."

왜, 지금 우리에게 '자세'가
가장 강력한 변화의 열쇠인가?

814만 분의 1. 로또 1등에 당첨될 확률은 거의 기적에 가깝다. 단숨에 인생을 뒤흔들 수 있는 극적인 사건일지 모른다. 하지만 로또 당첨은 극도로 희박한 우연일 뿐이다. 반면, 자세를 바꾸는 일은 누구에게나 주어진 확실한 선택의 영역이다.

단 한 번의 결심만으로도 삶을 근본적으로 바꿀 수 있는 길. 그것은 바로 지금, '당신의 자세를 바꾸는 것'이다.

정말, 단순히 자세의 변화만으로 인생 전체의 흐름이 달라질 수 있을까?

나는 이 놀라운 가능성에 매혹되었고, 지난 16년 동안 그 해답을 찾는 여정을 이어왔다. 그리고 이제, 그 결실을 한 권의 책으로 세상에 담아낸다.

> **라이프 포스(The Life Pose),**
> **"당신의 자세는 지금 어디를 향하고 있는가?"**

이 책의 제목이자 핵심인 '라이프 포스 The Life Pose'는 내가 새롭게 정의한 단어이다.

- 라이프(The Life)는 단 한 번뿐인 유일한 인생을 뜻하며,
- 포스(Pose)는 몸의 '자세'이자 스스로에게 던지는 내면의 질문이다.

즉, 라이프 포스란 '한 번뿐인 삶의 방향을 묻는 철학적 질문'이자, 수명을 결정짓는 '몸과 마음의 생물학적 자세'를 뜻하는 다층적인 개념이다.

이 책은 당신에게 두 가지 질문을 던진다.

첫째, 당신은 단 한 번뿐인 인생을 원하는 방향대로 살고 있는가?

둘째, 오늘 당신의 하루는 어떤 자세와 마음가짐으로 채워지고 있는가?

만약 삶의 나침반을 잃어버렸거나 몸이 보내는 신호를 외면해 왔다면, 지금 이 순간이야말로 변화를 시작할 절호의 기회다.

이 책은 단순한 이론서가 아니다. 지난 16년 동안 나는 현장에서 수십만 명의 몸과 마음을 직·간접적으로 마주하며, 그 변화의 과정을 기록하고 연구해 왔다. 그리고 그 여정 속에서 한 가지 분명한 사실을 깨달았다. 자세를 통한 신체 변화의 원리는 리더십의 원리와 다르지 않다. 분야를 막론하고, 세계 최정상 리더들의 습관과 철학 또한 결국 '자세'라는 새로운 렌즈로 조망할 수 있었다.

이 책은 그 모든 경험과 통찰을 모아 완성한 결과물이다.

이제 당신은, 자세를 바꾸는 순간 삶의 질서가 다시 설계되는 놀라운 경험을 하게 될 것이다. 그 변화의 주인공은 바로 당신이다.

최고의 자기계발은 '자세'를 바꾸는 것이다

내가 돈을 버는 이유는 아주 단순하다. 시간으로부터 자유롭고, 그 무엇보다 정신적·육체적으로 건강하기 위해서다. 그때 비로소 하고 싶은 일에 마음껏 도전할 수 있고, 타인을 도울 수 있는 여유도 생기며, 더 가치 있는 삶을 살아갈 수 있기 때문이다.

이것은 바로 나의 '핵심 가치관'이자 '인생 좌우명'이다.

나는 이 책을 쓰기까지, 그보다 먼저 내 자신의 삶을 변화시키고자 300여 권이 넘는 자기계발서를 탐독했다. 그리고 그 속에서 발견한 공통된 메시지는 바로 성장 마인드셋과 목표 달성 능력의 중요성이었다.

하지만 그것만으로는 부족했다. 대부분의 자기계발서는 이론과 사상을 제시할 뿐, '어떻게 실천할 것인가'에 대한 구체적 방향과 방법은 말하지 않는다. 성공 이후의 삶에 대해서도 침묵한다. 마치 "좋은 대학에 들어가라"는 조언은 넘쳐나지만, 그 이후의 길에 대해서는 나도 잘 모르겠다는 식의 맹목적인 목표 제시와도 같다.

나는 바로 이 지점에서 큰 문제의식을 발견했다.

인생은 다수가 정한 정답을 따르는 길이 아니라, 각자가 스스로의 해답을 찾아가는 여정이기 때문이다.

▎자유를 얻었지만, 건강을 잃은 사람들

나는 직업의 특성상 여러 사람을 만난다. 그중 가장 안타까운 경우가 경제적 자유를 얻었음에도 불구하고, 신체적 자유를 잃어버린 이들이다. 과연 그들이 꿈꾸던 삶이 이런 모습이었을까?

경제·경영 분야에서 오래전부터 전해져 내려오는 격언이 하나 있다. 바로 승자의 저주 Winner's Curse 다. 경쟁에서는 이겼지만, 그 과정과 결과에서 지나치게 큰 대가를 치러 심각한 후유증을 겪는 현상이다. 현대사회는 이 후유증을 해결하기 위해 수많은 비용과 기술, 제도를 동원하지만, 건강이란 방향성을 놓치는 순간 소모적 악순환에 빠지게 된다.

당신은 지금 신체적으로나 정신적으로 건강한가?

이 책이 말하는 성공의 방향은 단 하나, '건강한 상태로 성공하는 것'이다.

나는 실제로 그렇게 살아가고 있으며, 그 과정에서 자주 이런 질문을 받는다.

"자세가 참 반듯하시네요. 실례지만 어떤 일 하세요?"

그럴 때마다 나는 웃으며 이렇게 답한다.

"사람들이 올바른 자세와 건강한 체형을 찾을 수 있도록 함께 돕는 일을 하고 있습니다."

나는 이 칭찬이 그 어떤 외모나 스타일에 대한 말보다 더 기쁘고 자랑스럽다. 왜냐하면 그것은 단순히 내 겉모습이 아니라, 내가 살아가는 방식과 정체성을 칭찬하는 것이기 때문이다.

세상 모든 사람은 나이를 먹는다. 그러나 어떻게 나이 드는가는 전혀 다른 이야기다. 어떤 이는 일흔이 되어도 구부정한 자세로 걷고, 또 다른 이는 곧게 서서 당당히 걸음을 옮긴다. 그 차이는 어디서 오는가? 나는 그 답이 바로 '자세 습관'에 있다고 믿는다.

▎중력과 사랑에 빠진 몸

한국에서는 나이 듦 즉, 노화의 징후를 빠르게 느낄 때 흔히 "세월을 때려 맞았다"라는 표현을 쓴다. 하지만, 이 말을 "삶이란, 시간 속에 머무는 몸이 중력과 사랑에 빠져 남긴 흔적이다."라고 정의하고 싶다. 신체 구조통합 분야의 세계적인 권위자 아이다 롤프 박사 Dr. Ida Rolf 는 그의 롤핑 Rolfing 이론에서 "바르게 정렬된 자세를 하면 중력은 더 이상 적 enemy 이 아니라, 자연의 흐름이 될 수 있다."라고 말했다.

바른 자세는 몸에 가해지는 충격을 줄이고, 신체의 항상성을 회복시킨다. 그 결과, 노화와 질병으로부터 자유로운 상태를 누릴 수 있게 한다.

이처럼 노화는 피할 수 없는 숙명이 아니다. 그 속도를 조절하고 경로를 선택할 수 있다. 우리는 유전적 한계 속에 살지만, '자세'만큼은 언제든 자유의지로 바꿀 수 있다.

바른 자세는 외형을 곧게 세우고, 내면에 질서를 부여하며 지금보다 더 아름답고 건강한 젊음을 선물할 것이다.

이 책은 당신을 위한 실천형 안내서다. 각 장은 독립적으로 구성되어 있어 순서에 얽매이지 않고, 일상의 흐름에 맞춰 지금 가장 필요한 부분부터 시작해도 좋다.

부디 이 책이 당신의 일상에 항상 함께하길 바란다. 그리고 바로 지금, 당신 안에 잠든 라이프 포스를 깨울 시간.

질문을 현실로 옮길 차례다.

바른 자세가 어떻게 몸을 회복시키고, 세월의 속도를 늦추며, 건강한 삶을 연장하는지— 그 놀라운 여정을 지금부터 함께 시작해 보자.

> ★★ 『라이프 포스 The Life Pose』는 단순한 자세의 이야기가 아니다.
> 당신의 건강, 에너지, 존재 방식까지 바꾸는 '인생 실천 매뉴얼'이다.

○ 차례

추천사 ··· 6
Prologue: 첫 집필을 시작하며 ·· 13

PART 1
건강
바보야, 문제는 자세야

CHAPTER 1 • 등이 굽으면 더 빨리 늙는다 ························· 26

  자세가 무너지면 노화는 앞당겨진다 ······························· 27
  ALL 바른 자세의 기준 ··· 36
  잠자는 코어 근육을 깨워라 ··· 42
  자세 교정이 주는 효과 ·· 47
  실천 바른 자세 훈련 루틴(하루 9분) ································ 57

CHAPTER 2 • 당신이 건강을 착각하는 이유 ······················· 60

  자세는 세포의 노화에 영향을 미친다 ······························ 61

contents

림프순환과 자세의 상관관계 ············· 66
자세와 호흡이 세포를 깨운다 ············· 70
자세와 호르몬 대사의 과학적 상관관계 ············· 78
골반이 틀어지면 풀만 먹어도 살이 찐다 ············· 86
세대별 & 직업군별 맞춤형 자세 솔루션 ············· 93
임산부를 위한 바른 자세 실천 루틴 ············· 108
스마트폰과 거북목 문제 ············· 116
천천히 성숙되는 삶은 선택할 수 있다 ············· 121
'자세를 입는다'는 새로운 개념: 생활 속 자세 습관화 기술 ············· 125

PART 2

성과

탁월한 리더십의 비밀은 자세다

CHAPTER 3 · 최고의 성과를 원한다면 자세부터 바꿔라 ······· 130

자세는 말보다 빠르다 ············· 131
가장 강력한 리더십은 자세 성형이다 ············· 137

차례

청소년의 자세가 곧 국가의 미래다 ·············· 144
자세가 비즈니스 분야에 미치는 영향 ············ 151
자세 안정성과 스포츠 경기력의 관계 ············ 170
회의 · 협상 · 프레젠테이션에서의 자세 전략 ······ 177

CHAPTER 4 • 성과를 내는 자세는 감정과 습관을 지배한다 ··· 184

감정이 먼저냐 자세가 먼저냐 ················ 185
변화, 반복 가능한 시스템 구축이 먼저다 ········ 198

PART 3

실천

마인드셋, 바른 자세로 성장과 변화에 도전하라

CHAPTER 5 • 건강한 성공이 진짜 부(富)의 본질이다 ········ 206

3.3.3 바른 자세 정렬 루틴(하루 9분) ············ 207
라이프 포스는 인생 치트키이다 ················ 215

contents

| 가족이 함께 실천하는 자세 정렬 루틴 ········· 220

CHAPTER 6 • 자세는 철학이다: 포스 퍼포머 마인드셋········ 228

| 두려움은 무지와 욕심의 산물 ················· 229
| 저속노화는 현실이다 ·························· 248

| Epilogue: 포스 퍼포머의 길을 선택한 당신에게 ········ 254
| 포스 퍼포머 실천 7계명 핵심 해설 ················ 258
| 참고문헌 ································· 262

THE LIFE POSE

PART 1

건강

바보야, 문제는 자세야

CHAPTER 1

등이 굽으면 더 빨리 늙는다

자세가 무너지면 노화는 앞당겨진다

우리는 나이가 들어 늙는 것이 아니라, 단지 굳어질 뿐이다.
- 조셉 필라테스(Pilates, J., 1945)

"왜 어떤 사람은 나이보다 더 늙어 보일까?"
그 답은 얼굴의 주름이나 목의 늘어짐이 아니라, '자세'에 있다.

청담동 한복판, 명품 매장이 늘어선 거리에 요란하고 우렁찬 배기음을 뿜어내는 빨간색 페라리 한 대가 천천히 멈춰 선다. 순간, 길을 걷던 사람들의 시선이 동시에 차를 향한다.

자동차 가격만 수억 원, 게다가 오픈톱 슈퍼카. 잠시 후 문이 열리자, 사회적·직업적으로 이미 성공을 거둔 듯 보이는, 젊고 잘생긴 30대 초반의 남자가 내린다. 부러움과 동경이 한꺼번에 쏟아지는 순간이다.

그러나 그 부러움은 불과 몇 초를 넘기지 못했다.

남자의 체형과 걸음걸이를 보는 순간, 사람들의 시선이 서서히 바뀌었다. 명품 옷이 오히려 몸과 어울리지 않는 이질적인 조합이 되었고, '병원에 가야 하는 건 아닐까?'라는 엉뚱한 걱정마저 떠올랐다.

거북이처럼 앞으로 빠진 목, 굽은 등, 좌우 균형이 무너진 어깨, 볼록하게 나온 배, O자형으로 휜 다리… 뒷모습만 보면 흡사 노인의 모습과 별반 다르지 않았다.

그가 지금의 성공을 이루기까지 쏟아부은 시간과 노력이 남긴 흔적, 어쩌면 '영광의 상처'일 수 있다. 하지만 이 장면은 분명한 사실 한 가지를 보여준다.

아무리 젊고 잘생겨도, 체형이 무너지면 자존감은 서서히 깎여나간다. 외모와 재력은 잠시 시선을 사로잡을 수 있지만, 자세는 건강과 자신감을 증명하는 가장 솔직한 언어다. 바로 이것이, 이 책이 전하려는 핵심 메시지다.

어떤 이가 큰 성공을 거두고 막대한 부를 쌓으면, 세상은 잠깐 그 성취를 조명하며 부러워한다. 그러나 그다음 시선은 '성공'이 아니라 그 사람 자신에게로 향한다. 성공은 잠시 부러울 수 있지만, 그 사람의 몸매는 물론, 체형까지 부럽지는 않다. 만약 돈은 많지만, 몸이 틀어져 곧 건강이 무너질 위태로운 상태라면 어떨까? 그런 경우, 그 사람의 일과 삶의 균형은 이미 심각하게 흔들리고 있을 것이다.

이처럼 체형이 그 사람을 정의한다는 것은 이제 명백한 사실이다. 뿐만 아니라 그 사람이 가진 고유의 체형은 현재와 미래를 어떻게 살아갈 것인가? 라는 철학적 질문을 담고 있다. 이는 인간다운 삶의 질을 좌우하는, 그 무엇보다 중요한 문제다.

이 이야기를 시작부터 꺼낸 이유는, 내가 전하려는 메시지를 가장 직관적으로 설명할 수 있는 실제 사례이기 때문이다. 과연 어떤 성공이 우리가 추구해야 할 방향성인지, 함께 생각해 보자는 것이다. 물론, 그의 성취와 노력을 평가하거나 폄하하려는 의도는 전혀 없음을 분명히 밝힌다.

사람이 가진 체형은 대체로 평소 생활 속에서 축적된 자세의 결과물이다. 노화는 평상시에 어떤 자세를 취하느냐에 따라 가속될 수도, 늦춰질 수도 있는 상대적 현상이다. 노화는 시간과의 싸움이지만, 그 과정에서 가장 큰 영향을 미치는 적은 바로 중력이다. 중력과의 싸움을 어떻게 받아들이고, 어떻게 이겨내느냐가 곧 당신의 '노화 시계' 속도를 결정한다.

지금 당신의 자세는 어떤 모습인가? 혹시 지금, 편안한 소파나 의자에 몸을 기댄 채 전혀 힘을 쓰지 않는 상태로 이 글을 읽고 있지는 않은가? 그것은 숨 가쁘게 달려온 지친 육체가 잠시나마 안식에 기대고 싶은, 현대인에게 지극히 자연스러운 본능일 것이다.

하지만 편안함은 곧 얼굴 없는 '중력'에 대해 내 몸이 무방비 상태라는 또 다른 생체신호다. 이 실체가 없는 강력한 적, 중력은 당신이 지구 어디에 있든, 1년 365일, 하루 24시간, 매 순간 당신을 편안함에 가둬 굴복시키려 한다. 이 싸움은 전적으로 당신의 선택에 달렸다. 당신이 편안함을 선택하는 순간 중력은 웃으며 당신의 패배를 만끽한다. 그렇게 편안함에 길들여진 몸은, 결국 어떤 건강 상태로 향하게 될까?

먼저, 편안함을 추구하는 생활이 계속되면 자세가 무너지고, 몸의 중심축이 흐트러지며, 내장기관이 눌려 기능 저하가 시작된다. 이는 곧 혈액순환과 림프 흐름의 둔화로 이어지고, 체내에 독소와 염증이 쌓이면서 피부 탄력과 면역력까지 저하된다. 즉, 자세가 무너지는 순간부터 노화는 가속페달을 밟는다.

2024년 메이요 클리닉 Mayo Clinic 의 보고처럼 고령층에서 발생되는 척추 만곡은 단순한 자세 문제를 넘어 생존과 직결되는 중요한 건강 요인이다. 실제로 미국 캘리포니아 란초 베르나르도 Rancho Bernardo 코호트 연구[1]에서는 척추후만증 kyphosis 이 있는 노인의 낙상 위험이 두 배 이상 높고, 사망률도 뚜렷하게 증가하는 것으로 나타났다 Kado et al., 2004; 2007; 2009. 등뼈가 둥글게 말려 굽어지는 척추후만은 심폐 기능 저하와 전반적인 신체 약화, 보행 장애를 유발할 뿐 아니라 자존감 저하 같은 정서적 문제로도 이어져 삶의 질을 크게 떨어뜨린다.

또한 일본 교토대학교 및 신슈대학교 연구팀은 65세 이상 노인의 척추 정렬 상태와 인지기능 저하가 밀접한 관련이 있음을 밝혀냈다 Nishimura et al., 2022. 척추가 앞으로 기울어지면 뇌 혈류 흐름이 방해받아 기억력과 사고력이 떨어지고, 장기적으로는 치매 위험까지 높아질 수 있다는 것이다.

---

[1] 코호트(cohort): 특정한 특성을 가진 집단(예: 특정 연령대, 지역, 직업군 등).
코호트 연구: 특정 집단을 일정 기간 동안 추적·관찰하면서, '노출(원인)'과 '결과(질병, 사망률, 건강 지표 등)'의 관계를 분석하는 연구 방법.

■ 자세가 만들어낸 대표 노화 신호들

잘못된 자세	주요 증상
거북목	수면장애, 두통, 목주름, 기억력 감퇴(장기적으로는 치매 위험 증가와도 관련됨)
척추후만(굽은 등)	복부 비대, 흉곽 붕괴, 폐 기능 저하
골반 전방 기울기	요통, 소화불량, 뱃살 축적
신체 좌우 불균형	관절통, 부종, 얼굴과 체형 비대칭

자세는 사회성과도 직결된다

최근 심리학 및 건강 분야의 여러 연구들은, 노인의 사회적 고립과 자신감 저하가 신체 자세와 밀접하게 연관되어 있음을 보여준다. 단지 몸을 곧게 펴고 걷는 행동만으로도 대인관계에서의 태도와 감정 상태가 긍정적으로 변화할 수 있음이 반복적으로 관찰되었다. 노화 자체는 통제할 수 없는 영역이지만, 자세를 선택하고 관리하는 일은 개인이 직접 다룰 수 있는 영역이다. 이는 곧 삶의 태도이자 책임의 문제다.

잠시 편안함을 갖는 것에 죄책감을 가질 필요는 없다. 다만, 그 편안함에 안주해 몸이 보내는 신호를 관성적으로 무시하는 일에 대해서는 강한 책임감을 가져야 한다. 이처럼 자세는 단순히 '외형의 문제'에 그치지 않는다. 그것은 삶의 질, 나아가 사회적 존재감을 좌우하는 핵심 지표이자, 자신을 얼마나 존중하는지를 보여주는 '신체 언어'다.

이제 누군가가 타고 있는 멋진 자동차가 부러운 것이 아닌 자세와 체형이 반듯한 아름답고 건강한 몸을 가진 사람이 부러운 시점을 경험하게 될 것이다. 우리가 남들이 부러워하는 바로 그 주인공이 되어보자.

"자세를 바꾸면 세상이란 영화 속 주연배우가 된다."

당신의 현재 뒷모습 나이는 몇 살인가?

사람의 진짜 나이는 뒷모습에서 드러난다. 그것은 성형으로도 결코 감출 수 없는 본모습이다.

우리가 거울을 본다는 것은 대개 앞모습이나 옆모습을 확인하는 일이다. 반면 뒷모습은 스스로 볼 기회가 거의 없고, 잘 모른다. 보통 우리 센터에서 상담 후 체형 분석 장비로 자세를 촬영·측정해 보면, 사람들이 가장 충격을 받는 순간은 자신의 뒷모습을 처음 확인했을 때다.

열이면 열 모두 이런 반응을 보인다.

"이게 정말 저 맞아요?"
"저 원래 안 그런데요?"

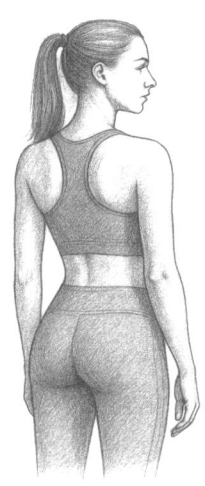
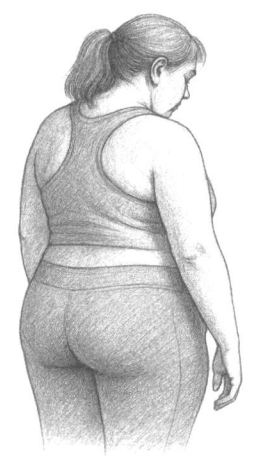

그들은 매일 체중계에 올라가고, 좋은 음식 또는 건강기능식품을 챙겨 먹는다. 이밖에도 새롭게 유행하는 화장품과 미용제품을 사용하고, 뱃살 관리를 위해 운동까지 하며 나름 자기관리를 잘했다고 자부한다. 사실 이런 분들은 그나마 자기관리를 잘하는 축에 속한다. 그런데도 자신의 뒷모습을 보면 놀라지 않을 수 없다. 그동안 뒷모습을 볼 일이 거의 없었으니, 어쩌면 지극히 당연한 반응일지도 모른다.

반면, 자기관리가 잘되지 않는 사람들에게서 나타나는 대표적이고 공통된 특징이 있다. 바로 "나는 아직 젊고, 지금 당장 아프지 않으니 건강하다"라는 근거 없는 자기 확신이다. 이러한 '정신 승리' 때문에, 이 부류에 속한 사람일수록 자신의 뒷모습을 처음 확인했을 때 받는 충격은 더 크다. 굽은 등, 좌우 높이가 다른 어깨와 골반, 휘어진 허리와 다리, 그리고 엉덩이와 허벅지에 쌓인 살을 마주한 순간, 남녀를 불문하고 허탈감을 감추지 못한다.

혹시 지금, 당신의 뒷모습이 궁금하지 않은가?
얼굴 나이는 성형으로 어느 정도 속일 수 있지만, 뒷모습 나이는 감출 수 없는 원초적 '맨얼굴'이다. 게다가 뒷모습은 출생연도로 구분되는 나이와는 무관하게, 때로는 더 젊어 보일 수도, 혹은 그 반대일 수도 있다.

그렇다면 자세는 노화와 어떤 연관성이 있을까?
첫째, 세포는 자세에 반응한다. – 압박받는 부위는 산소 공급이 줄어들고, 세포의 노화 속도가 빨라진다.

둘째, 굽은 몸은 굳은 마음을 만든다. – 자세와 호흡의 질이 낮아지면 우울감과 피로가 누적된다.

셋째, 균형 잡힌 자세는 건강수명을 좌우한다. – 일본 국립장수센터 연구에 따르면, 노년기 낙상의 60%는 자세 불균형에서 시작된다. 이 모든 요소는 '굽으면 늙는다'는 표현이 단순한 비유가 아니라, 실제 생리적·정신적 노화의 신호임을 드러내는 상징적 현상이다.

나는 직업 특성상 어디를 가든 주변 사람들의 자세와 체형을 먼저 살피는 습관이 있다. 오랜 시간 바른 자세에 관한 강연과 교육을 이어오면서, '몸 읽기 십중팔구'라는 프로그램을 운영해 왔다. 교육 현장에서 참가자들의 자세와 움직임, 체형만을 보고 평소의 생활 습관—앉고, 걷고, 서고, 움직이는 방식이나 자주 취하는 자세—뿐 아니라 성격, 직업군, 통증 부위와 범위까지 짚어주면, 사람들은 놀라움과 호기심을 숨기지 못한다. 종종 나를 마치 돗자리를 펴놓고 앉아 있는 '무릎팍 도사'에 비유하며, 어떻게 그렇게 알 수 있느냐고 되묻곤 한다.

사실 이것은 내가 특별한 영적인 능력을 가졌기 때문이 아니다. 단지 몸을 통해 그 사람이 살아온 세월의 흔적이 읽어지기 때문이다. 누군가를 관찰한다는 것은 그의 일생을 들여다보는 것과 같다. 대상에 조금만 관심을 기울이고 유심히 바라본다면, 그가 어떤 삶을 살아왔는지 짐작할 수 있다.

자세는 크게 두 가지로 나눌 수 있다. 하나는 가만히 서 있거나 앉아 있는 정지상태의 정적 자세 static posture, 다른 하나는 움직임 속에서 드러나는 동적 자세 dynamic posture다. 정적 자세는 한 개인의 기본적인 신체 정렬 상태를, 동적 자세는 일상과 습관 속에서 신체가 어떻게 움직이고 기능하는지를 보여준다. 나는 이 두 가지를 모두 관찰하며, 그 안에 숨겨진 사람의 건강과 삶의 패턴을 읽어낸다.

바른 자세의 기준과 개념을 명확히 이해하게 되면, 누구나 이러한 통찰과 직관을 배워서 훈련할 수 있다. 이는 단순한 기술을 넘어, 삶에서 매우 유용하게 쓰일 수 있는 노하우이자 능력이다.

조선 후기 문장가 유한준 1732~1811 은 이렇게 말했다.
"사랑하면 알게 되고, 알게 되면 보이니, 그때 보이는 것은 전과 같지 않으리라."

바른 자세는 실천적 인문학을 공부하는 것이다. 사람과 삶에 대한 관심을 가지고 몸으로 배우기 시작하면, 보이지 않던 것들이 드러나고, 그때부터 세상을 보는 눈이 좀 더 넓고 깊어진다.

ALL 바른 자세의 기준

잘못된 예절 교육이 자세에 미친 부정적 영향

 어린 시절로 잠시 돌아가 보자. 우리 모두는 부모님이나 조부모님으로부터 밥상머리에서 예절을 배웠다. 식사 시간마다 "다리 꼬지 마라", "다리 떨면 복 나간다", "남자는 가슴을 당당히 펴야 한다", "여성은 앉을 때 다리를 공손하게 모아야 한다"는 말이 이어졌다. 하나하나 틀린 말은 아니었지만, 그 시절 대부분의 아이들은 이런 말을 '교육'이라는 이름의 잔소리로 받아들였다. 나 역시 크게 다르지 않았다. 그렇게 자세에 관한 예절 교육은 언제부턴가 잔소리로 인식되었고, 자세 이야기는 점점 고리타분한 어른들의 전유물이 되어버렸다.

 나는 바른 자세를 교육하는 자리에서 종종 교육생들에게 묻는다. "여러분은 혹시 바른 자세를 잔소리로 생각하시나요?" 돌아오는 대답은 대부분 그렇다는 것이고, 지금도 여전히 바른 자세에 대한 부정적인 인식이 적지 않음을 확인하게 된다. 그러나 이제는 그 인식을 바꿔야 할 때다.

잠시 멈추어 호흡을 가다듬고 우리의 일상을 냉정하게 살펴보자. 우리는 하루 대부분을, 앉아 있거나 서 있는 상태로 보낸다. 하지만 자신이 어떤 자세를 취하고 있는지 의식하지 못한 채, 어깨를 둥글게 말고 등을 웅크리는 습관을 반복한다. 이렇게 사소하게 반복되는 습관의 축적이야말로 저속노화를 방해하는 가장 큰 적이다.

보건복지부가 발표한 2022년 국민건강영양조사에 따르면, 40대 이상 성인의 62.7%가 등과 허리 통증을 호소했고, 그중 43.1%는 평소 자세와 관련된 통증을 경험하고 있었다. 이 통계는 자연스러운 노화보다 잘못된 '자세 습관'이 신체기능 저하와 통증의 주요 원인임을 보여준다. 그렇다면, 진짜 바른 자세란 무엇일까?

'중립자세'는 삶의 계명이다

바른 자세는 먼저 중립자세 neutral posture 라고도 정의할 수 있다. 자동차의 변속기어를 N단에 두면 기어가 중립 상태가 되듯, 중립자세란 인체를 입체적으로 볼 때 좌와 우 시상면, 앞과 뒤 관상면, 상과 하 횡단면 로 구분하여[2] 어느 특정한 방향으로 치우치지 않은 균형 상태를 의미한다.

바른 자세는 동서양을 막론하고 여러 분야에서 폭넓게 다루어지는

---

2) 인체 입체적 구분(해부학적 면, Anatomical Planes): 인체는 해부학적으로 '시상면(Sagittal Plane: 좌·우), 관상면(Coronal/Frontal Plane: 앞·뒤), 횡단면(Transverse/Horizontal Plane: 상·하)'으로 구분된다.

개념이다. 구약 성경에서도 중립자세, 곧 바른 자세의 중요성을 여러 차례 강조한다. 여호수아 1장 7절에는 다음과 같은 말씀이 기록되어 있다.

"오직 너는 크게 힘써 마음을 다하고 성품을 다하여 모세가 네게 명령한 그 율법을 다 지켜 행하고 좌로나 우로나 치우치지 말라. 그리하면 어디로 가든지 형통하리니."(여호수아 1:7)

이 말씀은 **마음의 중심과 몸의 행함이 곧 하나라는 의미**를 담고 있다. 성경 속 세계관에서 말하는 바른 자세란, 말씀을 믿고 계명을 행동으로 옮기며, 삶의 균형을 지켜내는 것이다.

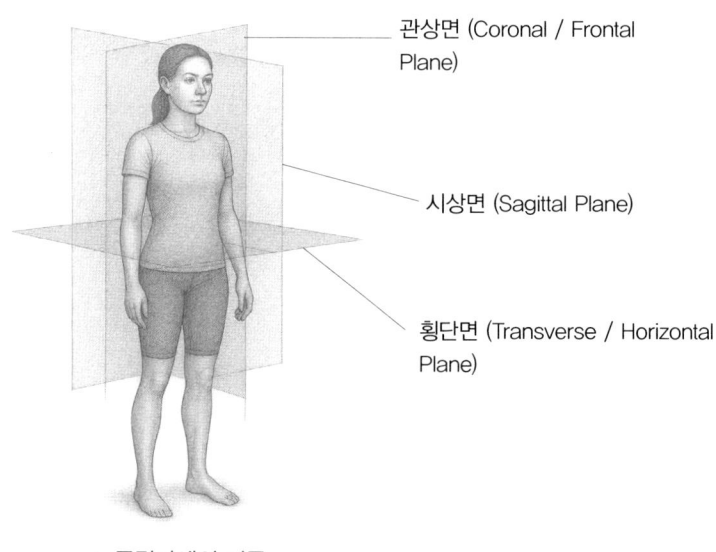

▲ 중립자세의 기준

이 장에서 다룰 바른 자세의 개념은 단순히 뼈와 관절이 곧게 서 있는 상태만을 뜻하지 않는다. 자세는 눈에 보이는 형태를 넘어, 인체의 균형과 움직임을 조율하는 생명 유지 시스템이다. 인간의 몸은 약 206개의 뼈와 600개 이상의 근육이 정교한 조화를 이루며 이 시스템을 지탱한다.

바른 자세란 이 뼈와 근육, 각 관절과 척추, 그리고 뇌가 해부학적으로 균형을 이루고, 근육·인대·신경계·내장기관이 무리 없이 제 기능을 발휘하도록 상호작용하는 최적의 신체 정렬 상태를 말한다.

이 상태는 에너지 소모를 최소화하면서도 신체기능을 최대한 발휘하게 하여 몸의 구조와 기능이 최상의 균형을 이루는 기능적 조화다. 여기서 나는 한 걸음 더 나아가, 바른 자세를 이렇게 정의한다.

"바르게 고쳐 잡은 자세를 현재 진행형으로 꾸준히 유지하려고 애쓰는 몸과 마음의 태도다."

과거에 잠시 바른 자세를 가졌던 기억만으로는 충분하지 않다. 바른 자세의 의미를 정확히 이해하고, 이를 매일 일상에서 반복적으로 실천할 때만 비로소 '바른 자세'라는 이름을 가질 자격이 주어진다.

이처럼 바른 자세는 단순한 신체 상태를 넘어, 매일 목표를 세우고 실천해야 하는 삶의 계명과도 같다.

올바른 자세는 정적인 자세와 동적인 자세를 기반으로 한 움직임과 기능 모두에서 적용된다. 특히 '정적 자세'에서의 정렬 기준은 다음과 같다.

◆ 서 있을 때의 바른 자세

① 귀, 어깨, 골반, 무릎, 발목이 수직선상에 있어야 함.
② 어깨는 자연스럽게 내려가고 좌우 대칭.
③ 골반은 중립 위치(앞이나 뒤로 과도하게 기울지 않음).
④ 척추는 경추, 흉추, 요추의 자연스러운 곡선 유지.
⑤ 체중은 양발에 고르게 분산.

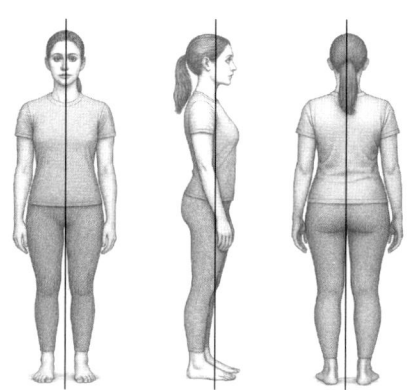

◆ 앉아 있을 때의 바른 자세

① 엉덩이는 의자 깊숙이 밀착, 척추는 곧게 세운 상태 유지.
② 요추(허리)는 전만곡(S-curve)을 유지.
③ 무릎은 엉덩이와 수평 또는 약간 높게 위치.
④ 발은 바닥에 평평하게 닿아야 함.

| 바른 자세 자가 점검표 |

아래 항목 중 자신에게 해당하는 항목을 체크해 보자.

항목	설명	예/아니오
1. 정면 거울을 봤을 때 양쪽 어깨 높이가 같나요?	어깨의 비대칭은 척추측만 또는 어깨 말림의 신호일 수 있습니다.	☐ 예 ☐ 아니오
2. 옆에서 봤을 때 귀-어깨-골반이 수직선에 위치하나요?	바른 자세 정렬의 핵심 기준입니다.	☐ 예 ☐ 아니오
3. 앉아 있을 때 허리가 곧게 펴져 있나요?	요추 전만곡(S-curve)이 유지되어야 이상적입니다.	☐ 예 ☐ 아니오
4. 스마트폰을 볼 때 고개를 앞으로 빼지 않나요?	거북목 자세는 경추 피로를 유발합니다.	☐ 예 ☐ 아니오
5. 평소 양발에 균등하게 체중을 실으며 서 있나요?	체중 불균형은 골반 틀어짐과 무릎 통증의 원인이 됩니다.	☐ 예 ☐ 아니오
6. 컴퓨터 작업 시 모니터는 눈 높이에 맞춰져 있나요?	고개를 숙이는 자세는 장기적으로 흉추 후만을 유발할 수 있습니다.	☐ 예 ☐ 아니오
7. 하루 1회 이상 스트레칭 또는 자세 교정 운동을 하나요?	작은 습관의 반복이 큰 변화를 만듭니다.	☐ 예 ☐ 아니오

총점이 높을수록 자세 균형이 잘 유지되고 있다는 의미이다. (7점 만점)
❖ 6~7개 : 매우 훌륭해요! 바른 자세 습관이 잘 형성되어 있습니다.
❖ 3~5개 : 자세에 신경 쓰는 당신은 노력형입니다. 조금만 더 분발해 봐요.
❖ 0~2개 : 지금부터라도 자세 교정 습관을 시작해 봐요. 더 건강하고, 행복한 삶이 당신을 기다립니다.

잠자는 코어 근육을 깨워라

세상에는 자동차, 컴퓨터, 스마트폰, 그리고 요즘의 인공지능 AI처럼 우리의 삶을 더 나은 방향으로 발전시키는 훌륭한 도구들이 많다. 이런 도구들을 잘 활용하기 위해서는 한 가지 중요한 원칙이 선행되어야 한다. 바로 자신이 어떤 도구를 가지고 있는지, 그리고 그 도구의 목적·가치·사용법을 제대로 아는 것이다. 이 원칙이 지켜질 때, 그 도구는 우리의 삶을 한층 더 자유롭고 풍요롭게 만들어 준다.

이에 관해 내 아버지의 자동차와 관련된 일화를 하나 소개하고자 한다. 중고차를 오래 타신 아버지께 어느 날 새 자동차를 선물했다. 그리고 어느 추운 겨울날, 그 차를 타고 함께 여행을 가게 되었다. 나는 차에 타자마자 평소처럼 자연스럽게 운전석과 조수석의 열선 버튼을 함께 눌렀고, 잠시 후 등받이가 따뜻해졌다.

그때 아버지는 "이 차에 이런 기능이 있었냐"며 머쓱하게 웃으셨다. 아무리 자주 타는 자동차라도, 그 기본적인 역할과 기능을 모르면 그 도구가 제공하는 편익을 온전히 누리기 어렵다.

우리 인간이 자세를 바르게 유지하기 위해서도 마찬가지다. 인간이라면 누구나 평등하게 창조주로부터 선물 받은 천연 복대가 몸속에 내장되어 있다.

나는 이것을 코어 근육 core muscles 혹은 더 익숙하게 '코어'라고 부른다. 코어 근육은 척추와 골반, 복부, 엉덩이를 둘러싼 표층 및 심부 근육군으로, 약 29개에 이르는 근육을 통칭한다. 이들은 척추의 안정화와 올바른 자세 유지, 호흡과 내부 복압 조절, 그리고 사지로 힘을 전달하는 데 핵심적인 역할을 하며, 모든 신체 활동에서 없어서는 안 될 중심축이다.

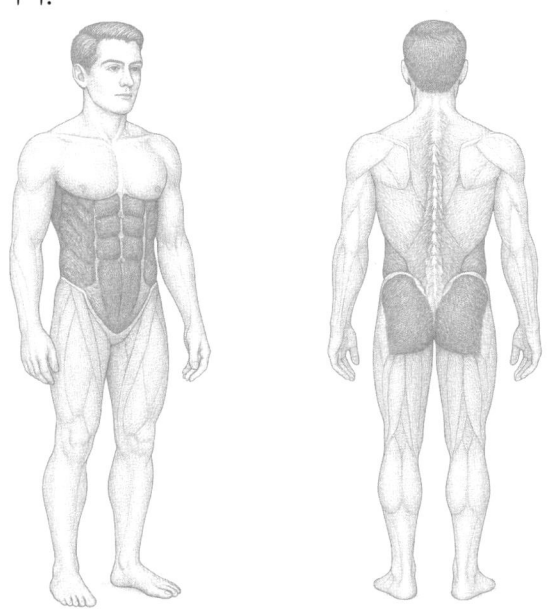

▲ 코어 근육의 정면과 후면 구조도

뿐만 아니라, 몸의 중심부를 안정화하고, 척추와 골반을 지탱하며, 움직임의 기반을 만드는 근육군을 말한다.

〈코어 근육 주요 그룹 요약〉
1. 복부 근육
    - 복직근 (rectus abdominis)
    - 복횡근 (transverse abdominis)
    - 내·외복사근 (internal / external obliques)
2. 척추 근육
    - 척추기립근 (erector spinae)
    - 다열근 (multifidus)
3. 골반 및 둔부 근육
    - 골반저근 (pelvic floor muscles)
    - 대둔근·중둔근·소둔근 (gluteus maximus / medius / minimus)
4. 호흡 근육
    - 횡격막 (diaphragm)

이 코어 근육은 상황과 목적에 따라 다양한 기능을 수행한다. 중력에 저항하는 항중력근 antigravity muscles, 평상시 자세를 유지하는 자세유지근 postural muscles, 움직임을 주도하는 운동주동근 movement muscles, 동작 중 척추와 골반을 안정화하는 고정근 stabilizer muscles 의 역할을 모두 담당한다.

인간이 태어나 처음 시작하는 가장 기본적인 신체 활동은 바닥을 기는 것과 걸음마다. 이는 세상을 향한 아기의 첫 출사표이자 성인으로서 생존하기 위한 필수 단계다. 영유아는 목과 허리, 다리를 지지하는 방법을 학습하고 훈련하면서 성장한다. 아이가 스스로 땅을 지탱하고 서기 시작하면 내장된 코어 근육이 본격적인 활동을 시작한다. 나는 이 활동을 코어-셋 core-set [3]이라 부른다. 코어 근육이 일하기 시

---

3) 코어 근육이 활성화된 가동상태를 의미하며, 우리가 만든 개념이다.

작하면 몸을 움직일 때 자세의 안정성과 균형 유지를 위한 내부 복압 Intra-abdominal pressure, IAP 이 적절히 형성되어 일상생활을 건강하고, 생기 있게 만든다.

신체가 가장 왕성하게 성장하고 발달하며, 활동하는 청소년기와 청년기를 거쳐 성년기에서 장년기로 갈수록 점차 움직임이 줄어든다. 이전에는 활발히 깨어 활동하던 코어 근육의 역할이 서서히 줄어들며 결국 비활성화 상태가 된다. 신체의 기능성, 안정성 그리고 운동성이 약화되면 자세는 쉽게 무너진다. 그 결과 몸은 편안함을 좇아 의탁할 곳을 찾게 된다.

어느 순간 대중교통 좌석 빈자리를 호시탐탐 노리며 엉덩이가 닿기 전 가방부터 던지는 치열한 전투가 벌어지는 것이 더 이상 남의 일이 아닌 것이다. 쉽게 피로해지고, 지치며 버티는 힘과 의욕도 점차 떨어진다. 이 모든 것이 체력을 지탱하는 코어 근육이 잠들어 일하지 않기 때문이다. 그러나 이를 노화 현상으로 치부할 뿐, 마치 자동차의 열선시트 기능처럼 사용하지 않고 있거나 있는지조차 모른 채 엉뚱한 곳에서 원인과 답을 찾으려 분주하고 불안해진다.

이처럼 우리는 점점 더 이른 시기에 노화와 직면한 현실 속에 살고 있다. 사람은 30세를 전후해서 해마다 1%, 50세는 2%, 60세부터는 최대 3%씩 80세까지 최대 40~50%의 근육이 감소되므로 근육을 잘 유지하는 것은 매우 중요하다.

오늘날 현대인들이 경계해야 할 것이 바로 '몸을 바르게 움직이는 방법을 잃어버리는 것'이다. 문제는 대다수가 이것을 어디에서든 배워 본 경험이 거의 전무하다는 것이다. 신체 각 기능을 잘 인지하고, 활용하는 것이 무엇보다 중요한데 어느 순간부터 편리함을 추구하며 몸을 사용하지 않고 있다. 우리 몸의 기능과 목적 그리고 가치는 다른 도구들에 밀려 언제나 후순위가 되어 버리고 만다.

이제 우리는 코어 근육을 초기화시키는 활동, 즉, '코어-리셋 core-reset'으로 신체를 회복해야 할 때다. 먼저 코어 근육의 기능과 작동법을 제대로 알고, 매일 일상에서부터 출발하는 작은 실천을 통해 달라지는 우리 몸의 위대한 변화를 기대해 보자.

몇 해 전 대한민국 직장 생활을 진솔하게 담아내며 많은 팬들의 공감을 얻어낸 드라마 '미생'에는 이런 명대사가 등장한다.

"네가 이루고 싶은 게 있다면, 체력을 먼저 길러라. 네가 종종 후반에 무너지는 이유, 대미지를 입은 후 회복이 더딘 이유, 실수한 후 복구가 늦은 이유, 체력이 약하면 빨리 편안함을 찾게 되고, 그러면 인내심이 떨어지고, 그 피로감을 견디지 못하면 승부 따위는 상관없는 지경에 이르지. 이기고 싶다면 네 고민을 충분히 견뎌줄 몸을 먼저 만들어. 정신력은 체력의 보호 없이는 구호밖에 안 돼."
— 2014년 방영된 tvN 드라마 〈미생〉(시즌 1, 제8화) 중

무엇인가 시작하고, 도전하기 위해서 정신력을 받치는 체력의 중요성을 강조하는 대목이다. 그렇다. 체력은 세상을 살아가는 데 있어 가장 기본적이며 중요한 신체 능력임을 10,000퍼센트 공감한다.

여기에 한 가지를 더 첨언하고 싶다.

'당신의 잠든 코어 근육을 먼저 깨워라!'

자세 교정이 주는 효과

살면서 치아 교정에 대해 한 번쯤은 들어봤을 것이다. 나 역시 오래전에 치아 교정 치료를 받은 경험이 있다. 이 글을 읽는 독자 중에도 같은 경험이 있을지 모른다. 치아는 오복 중 으뜸으로 여겨질 만큼, '잘 먹고 잘 살기' 위해 꼭 필요한 신체 기관이다.

여기서 갑자기 치아 교정 이야기를 꺼내는 이유는, 치아 교정을 통해 '자세 교정의 원리'를 더 쉽게 설명할 수 있기 때문이다.

먼저 '교정'이라는 단어의 사전적 정의는 '잘못된 것을 바로잡는 것'이다. 치아는 매우 단단하고 움직임이 제한된 조직임에도 불구하고, 교정장치가 오랜 시간 지속적으로 힘을 가하면 위치 즉, 치열이 바뀐다. 이 원리는 자세 교정에도 동일하게 적용된다.

교정이 이루어지려면 먼저 치아 구조가 비뚤어진 원인을 파악해야 한다. 그다음, 이로 인해 발생한 잘못된 힘의 방향을 바로잡고, 균형을 위한 공간과 조건을 마련해야 한다. 그리고 정밀하게 조정된 힘을 교정 기간에 꾸준히 축적해 나가는 것이 핵심이다.

여기서 주목할 점은 치아를 바로잡는 힘이 중력에 저항하며 '지속적으로 일하게 만든다'는 사실이다. 이것은 '세계 8대 불가사의' 중 하나로 써 아인슈타인과 워런 버핏이 강조한 복리의 개념과도 일맥상통한다. 교정의 핵심 원칙은 바로 이 복리의 원리다. 일정한 힘이 오래 축적되면, 이자에 이자가 붙듯 교정 효과가 쌓여 결국 큰 변화를 만든다. 이는 단순한 비유가 아니라, 일상 전반에 동일하게 작용하는 '중력의 법칙'과도 같다.

치아는 뼈 조직이기 때문에 움직임이 적고 회복도 느리지만, 자세는 근육과 연부조직 근막, 힘줄, 인대, 신경 등 에 의해 더 세밀하게 조정된다. 이 조직들은 가변성이 치아에 비해 훨씬 높아, 올바른 힘의 자극만 주어도 변화가 더 빠르게 나타날 수 있다. 가변성이 적은 치아도 교정이 가능한데, 하물며 자세는 말할 것도 없다.

현재의 자세는 오랜 시간 일상에서 반복된 동작을 통해 형성된 습관의 결과물이다. 좋은 자세는 중력과 자연스럽게 조화를 이룬다. 이는 신체를 관통하지 않고 무게 부담을 적절히 분산시킨다. 덕분에 적은 에너지로도 많은 움직임이 가능해져, 덜 피로하고 덜 아프며, 내구성도 높아진다. 마치 연비가 좋은 자동차가 기름이 적게 들고 더 멀리 가는 것처럼, 신체의 '연비'가 좋아지는 것이다.

반면, 나쁜 자세는 중력이 신체를 관통하면서 특정 부위에 체중 부담을 집중시킨다. 이로 인해 신체 균형이 깨지고, 어떤 근육은 과도하게 긴장되고 다른 근육은 지나치게 이완되어 움직임이 둔해진다. 그 결과 관절과 인대에 불필요한 스트레스가 가해져 부상 위험이 높아지고, 신체의 내구성이 떨어져 통증에 취약한 상태가 된다.

이를 비유하자면 자동차의 바퀴가 고르게 닳지 않고 편마모가 생겼을 때, 차량의 균형이 무너지고 주행 성능과 연비까지 악화되는 원리와 같다.

즉 잘못된 자세를 만든 힘에 맞서 지속적으로 '바로잡는 힘', 즉 교정력을 제공하면 된다. 그렇게 하면 뇌와 몸은 상호작용하며 이전의 바르고 건강한 체형을 기억하고 응답한다. 이것이 바로 자세 교정의 본질이며, '복리'의 기적처럼 작지만 위대한 변화가 실현되는 순간이다.

그렇다면 자세 교정을 하면 어떤 이점이 있을까?

◆ 자세 교정의 생리적 효과

① 자세를 바로잡는 신체 교정은 단지 겉모양을 바로잡는 데 그치지 않는다. 그것은 신체의 구조를 회복하고, 기능을 최적화하며, 삶의 질을 향상시키는 핵심 루틴이다.
② 척추에 가해지는 압력을 균형 있게 분산시켜 디스크, 전만증, 후만증, 측만증 발생 위험을 줄여준다.
③ 폐의 확장성과 횡격막의 운동을 향상시켜 깊고 효율적인 호흡을 유도하며 산소 공급이 원활해진다.
④ 내장기관의 위치 안정으로 소화력 증진과 신진대사 개선에 기여한다.
⑤ 근육과 골격의 불균형 해소, 관절 하중 완화로 통증을 예방하고 개선한다.

⑥ 자세유지근의 활성화로 기초대사량(BMR)[4] 상승 → 에너지 소비 효율 증가를 기대할 수 있다.

◆ **자세 교정의 심리적 효과**

① 자신감 있는 인상을 갖게 되며 자존감이 상승한다.
② 스트레스 호르몬인 코르티솔이 감소하고, 성장과 활력의 호르몬인 테스토스테론이 증가한다.
③ 우울감과 불안감 감소 효과가 있다.

결국, 자세 교정은 몸과 마음을 동시에 다스릴 수 있는 현대인의 필수 실천 덕목이다.

자세 교정은 '지속력'이 핵심이다

사람들은 흔히 자세 교정을 마치 페라리나 애스턴마틴 같은 고성능 슈퍼카를 타고 잘 포장된 고속도로를 달리는, 순탄하고 즐거운 과정으로 착각한다. 그러나 실제로는 전혀 그렇지 않다. 잔잔한 자갈과 커다란 바위가 가득한 비포장 산길을 트랙터를 타고 가는 것처럼, 불편하고 느리며 고통스럽기까지 한 지루한 과정의 연속이다.

---

[4] 생명을 유지하기 위한 최소한의 에너지 소비량. 한국건강증진개발원(Korea Health Promotion Institute, 2023)에 따르면, 한국 성인의 하루 평균 BMR은 남성 약 1,500kcal, 여성 약 1,400kcal이다. 다만 이는 평균치로, 개인의 연령, 체격, 근육량 등에 따라 달라질 수 있다.

앞서 예시로 소개한 치아 교정의 경우, 치과에서 교정장치를 조절한 날로부터 거의 4~5일 정도는 두부나 죽 같은 부드러운 음식조차 제대로 씹기 어려울 만큼 극심한 교정통 corrective pain 에 시달린다. 통증에 민감한 사람은 진통제를 처방받기도 한다. 그러나 그 시간을 견디고 나면 통증은 서서히 사라지고, 거울 속에서 이전보다 균형을 되찾은 자신의 치아와 마주하게 된다.

이처럼 교정이라는 것은 뼈와 근육, 그리고 신경을 움직여 신체의 균형을 재조정하는 매우 큰 사건이다. 대상자의 건강상태와 과정에 따라 극심한 통증과 상당한 불편함이 수반될 수 있지만, 그 결과는 놀랍다. 움직임과 신체 정렬이 회복되며 느껴지는 편안함과 안정감은 그 모든 과정을 감내할 충분한 이유가 된다. 거기에 더해, 균형 잡힌 체형과 외형의 드라마틱한 변화는 그야말로 값진 '덤'이다. 불편함과 통증을 견뎌내고, 지속력이 만들어낸 복리의 기적인 것이다.

이제 이러한 변화를 보여준 한 교육생의 상담 사례를 잠시 소개하고자 한다.

그녀는 우리 트레이닝 센터에 교육을 받으러 왔다가 조심스럽게 상담을 요청했다.

"중학생 딸이 이유 없이 자꾸 발목을 접질려요. 여러 병원과 한의원 치료를 받아도 잠시뿐이에요. 자세를 배우면 아이에게 도움이 될까 싶어 찾아왔습니다."

우리는 아이의 생활습관과 자세를 함께 살폈고, 곧 중요한 사실을 발견했다. 몸의 중심을 지탱하는 코어 근육이 거의 작동하지 않고 있었던 것이다. 중심축이 무너지자 발목이 대신 충격을 받아내며 같은 손상이 반복되고 있었다.

어머니는 답답한 마음을 토로했다.

"엄마로서 해줄 수 있는 게 없어 속상했어요. 혹시 바른자세 교육이 도움이 될까요?"

우리는 고개를 끄덕이며 말했다.

"발목만 치료해서는 해결되지 않습니다. 몸의 중심을 바로 세우고 코어 근육을 다시 깨워야 합니다."

이후 어머니와 딸은 함께 훈련을 시작했다. '코어 리셋' 프로그램을 통해 자세를 정렬하고, 뇌와 몸이 올바른 움직임을 다시 학습하도록 도왔다.

6개월 뒤, 다시 찾아온 어머니의 얼굴에는 환한 미소가 가득했다.

"선생님, 정말 감사합니다. 아이가 이제는 발목을 접질리지 않고 마음껏 뛰어요."

이 경험은 하나의 중요한 진실을 일깨운다. 몸은 국소적인 치료만으로는 회복되지 않는다. 무너진 자세와 잠든 코어를 깨워주기만 해도, 몸은 스스로 안정을 되찾는다. 바른 자세는 하루아침의 교정이 아니라, 매일의 루틴 속에서 회복되어야 할 평생의 과제다. 직업상 우리가 바른 자세를 교육할 때 가장 강조하는 점은 바로 이것이다.

"바른 자세는 훈련을 통해 도달하는 산물이다."

즉, 타고나는 것이 아니라 의식적인 노력과 매일 꾸준한 실천을 통해 만들어진다. 물이 강해서 바위를 뚫는 것이 아니라, 꾸준함이 바위를 뚫는다는 사실을 기억하자.

바른 자세 훈련의 궁극적인 '목표 4단계'

① 교정 단계(Correction Stage)

평소 생활습관으로 형성된 체형과 자세를 바로잡는 힘은, 이미 몸에 배어 있는 현재의 관성과 충돌하게 된다. 이 과정에서 인체는 항상성을 발휘하며 균형을 유지하려 하고, 그 결과 교정통과 함께 신체의 명현반응 healing crisis [5]이 나타나기도 한다. 이 반응은 교정이 시작되는 단계에서 누구나 한 번쯤은 겪게 되는 자연스러운 과정이다.

따라서 처음에는 3일 단위로 실천 목표를 설정하고, 이른바 '작심삼일'의 고비를 넘기는 데 집중하는 것이 좋다.

그 첫 관문을 넘는 순간, 몸은 새로운 균형을 향해 서서히 적응해 나간다.

② 운동 단계(Exercise Stage)

자세를 교정하는 과정에서는 신체에 가해지는 외부의 힘 외력 과, 이를 반대로 작용하며 균형을 잡아주는 내부의 힘 내력 이 상호 작용한다.

⏱ 외력 外力 → External Force
- 신체 외부에서 가해지는 힘 예: 중력, 충격, 타인의 압박, 운동 기구의 힘 등

⏱ 내력 內力 → Internal Force
- 신체 내부에서 발생하는 힘 예: 근육의 수축, 인대·관절의 저항, 복압 등

---

[5] 건강 회복 과정에서 일시적으로 증상이 악화되는 듯 보이는 현상. 이는 피로, 근육통, 두통, 소화 불량 등으로 나타날 수 있으며 심각하거나 장기간 지속되는 경우에는 전문가의 적절한 진단을 받는 것이 필요하다.

이때 근육은 수축과 이완을 반복하며 운동에너지를 만들어낸다. 규칙적인 근육의 수축과 이완의 반복행위가 바로 운동 movement 이다.

일반적인 운동은 수행자의 목표와 강도에 따라 다르지만 보통 30분에서 2시간 정도 집중적으로 이루어진다. 운동이 끝나면 몸은 치유와 회복상태에 들어가게 된다. 이때 자세를 유지하는 심부 근육은 활동 수준이 크게 낮아지며, 최소한의 긴장만 유지하는 상태로 전환된다. 그러나 편안한 자세나 환경에서 휴식을 취하더라도, 신체는 여전히 중력의 영향을 받는다.

전문 운동선수가 아닌 이상, 운동 후 대부분의 사람들은 업무나 일상으로 곧장 복귀한다. 편안한 쉼과 회복이 필요한 몸은 오히려 반복된 피로와 스트레스에 노출되고, 그 결과 아무리 꾸준히 운동해도 자세가 무너지는 역설을 경험하게 된다.

운동은 분명 건강과 자세 교정의 필수 조건이다. 그러나 잘못된 자세로 하는 운동은 오히려 건강을 망치는 위험 요소가 된다. 어느 누구도 직업과 생활 습관에 따라 반복되는 자세로 인한 피로에서 완전히 자유로울 수 없기 때문이다. 따라서 자세 교정은 운동 수행 시간에만 한정되지 않는다.

훈련 공간을 넘어, 일상의 모든 순간 속에서도 꾸준히 이어져야 한다. 다행히도 하루 24시간 중 매시간 또는 단 몇 분만이라도 의식적으로 바른 자세를 유지하는 훈련을 실천한다면, 그 효과는 놀랍다. 이 훈련은 일상적인 운동에 비해 강도는 낮고 부담은 적지만, 평소 약화되기 쉬운 '심부 코어'를 활성화하기에 충분하다. 하루 동안 근육의 수축과 이완이 불규칙하게 반복되면서 '습관적 복리 효과 Compounding effect'가 작동한다. 이는 신체의 기능성과 안정성, 운동성을 동시에 높이고, 에너지 대사 효율을 개선하며, 결국 일상 자체를 하나의 소운동으로 바꿔낸다.

③ 습관 단계(Habit Formation Stage)

바른 자세를 습관으로 만드는 과정은 3일 → 3주 → 3개월의 단계를 거친다. 처음 3일은 '작심삼일'을 넘기며 교정을 향한 도전이다. 이 시기는 신체가 새로운 자극에 적응하는 초입 단계로, 교정통이나 불편감이 나타날 수 있다. 그러나 이를 견디고 3주까지 이어가면, 신체는 점차 변화된 자세에 익숙해지고 새로운 움직임 패턴이 형성된다.

최근 뇌과학과 신경과학 연구에 따르면, 특정 행동을 3개월 즉, 90~100일간 반복하면 해마에서 처리된 정보가 뇌의 장기 기억 저장고인 대뇌 피질로 옮겨진다. 이 시점이 바로 '자동화'가 이루어지는 순간이다. 바른 자세와 올바른 움직임이 뇌에 새겨져, 의식적인 노력 없이도 자연스럽게 유지되는 습관이 되는 것이다.

④ 자유 단계(Freedom Stage)

'바른 자세 훈련'의 마지막 궁극적인 목표는 '자유 단계'다. 이 단계는 더 이상 의식적으로 자세를 신경 쓰지 않아도, 자연스럽게 바른 자세로 살아가는 상태를 말한다. 머릿속으로만 '바른 자세'를 아는 것이 아니라, 이미 그 자세가 몸에 완전히 배어 있기 때문에 신체와 건강에서 오는 자유를 온전히 누릴 수 있다.

결국 우리는 이 마지막 네 번째 자유 단계를 최종 목표로 삼아, 꾸준히 '바른 자세 훈련'에 임해야 한다. 스스로의 자세를 인식하고 교정하려는 노력은 단순히 겉모습을 다듬는 행위가 아니다. 그것은 삶의 질을 회복하는 치유이며, 자신과의 관계를 바로잡는 자기 돌봄이다.

자세가 바뀌면 인생의 방향이 바뀐다. 인생이 바뀌면 정체성이 달라진다. 그리고 정체성이 변화하면, 우리는 인생이라는 더 큰 무대에서 당당히 활약할 수 있다. 그 과정에서 잃어버렸거나 붙잡지 못했던 꿈을 다시 찾아 꺼내 펼칠 수 있는 진정한 자유와 도전정신을 얻게 된다.

교정(Correction) → 운동(Exercise) → 습관(Habit) → 자유(Freedom)

올바른 자세는 단순한 교정으로 끝나지 않는다. 교정은 곧 운동이 되고, 운동은 반복을 통해 습관이 된다. 습관은 삶의 태도를 바꾸고, 태도는 결국 자유를 만든다.

이제 당신은 선택할 수 있다.

"바른 자세의 길을 단순한 지식으로 흘려버릴지, 삶 전체의 규율로 끌어올릴 것인지."

실천 바른 자세 훈련 루틴(하루 9분)

"몸이 펴지면 삶도 펴진다."

지금의 한계를 넘어 더 크게 성장하고 싶다면, 오늘부터 '바른 자세 훈련 루틴'을 삶의 최우선순위로 삼아야 한다. 그리고 이 루틴을 매일의 습관으로 지켜내는 순간, 당신은 이미 한계 없는 자유의 단계로 가는 길 위에 서게 된다.

직장/학교에서 할 경우

① 벽 기대 정렬 자세 (3분)

뒤통수, 어깨, 엉덩이, 종아리, 발뒤꿈치를 벽에 붙이고 선다. 호흡을 가다듬으며 몸의 긴장을 풀고, 자세 유지에 집중하며 바른 정렬의 감각을 익힌다.

② 흉추 열고, 벽 플랭크 자세 (3분)

벽을 마주보고 서서, 양팔 팔뚝을 벽에 붙인다. 그다음 두 발을 뒤로 한 걸음씩 옮겨 상체와 하체가 대각선을 이루도록 한다. 복부에 힘을 주고 등·엉덩이·머리를 일직선으로 정렬한 상태에서 10초간 유지한다. 이 동작은 굽은 등을 펴고 약한 코어를 강화하는 데 효과적이다.

③ 목 스트레칭 (3분)

책상에 앉아 긴장을 풀고, 목을 좌우로 천천히 기울여 각각 10~15초간 유지한다. 거북목을 완화하고 목 주변 혈액순환을 촉진한다.

집에서 할 경우

① 벽 기대선 정렬 자세(3분)

뒤통수, 어깨, 엉덩이, 종아리, 발뒤꿈치가 벽에 닿도록 서기. 호흡 정돈하며 바른 정렬 감각 익히기.

② 바닥 골반 리셋 스트레칭(3분)

바닥에 등을 대고 누워 양팔을 T자로 벌리고, 두 다리를 곧게 편다. 그다음 한쪽 발바닥을 반대쪽 무릎 위에 올려 고정한다. 숨을 깊이 들이마시고 내쉬면서, 올린 발 쪽 무릎을 반대편 바닥으로 천천히 내리며 몸통과 골반을 비튼다. 이때 시선은 올린 다리의 반대 방향을 향해 고개를 자연스럽게 회전한다. 바닥에 곧게 편 다리는 정면을 유지하며 함께 돌아가지 않도록 주의한다. 이 동작은 목, 허리, 골반의 정렬을 회복하고, 몸의 긴장을 풀어주는 데 효과적이다.

③ 목 스트레칭 (3분)
책상에 앉아 긴장을 풀고, 목을 좌우로 천천히 기울여 각각 10~15초간 유지한다. 거북목을 완화하고 목 주변 혈액순환을 촉진한다.

거듭 강조하지만 바른 자세 훈련의 핵심은 지속력이다. 이는 단순히 몸의 균형을 회복하는 데 그치지 않는다. 매일 쌓이는 이 힘은 눈에 보이지 않는 곳, 바로 세포 하나하나의 시계에도 영향을 미친다. 그렇다면, 이렇게 축적된 지속력이 세포의 나이를 얼마나 늦추고 젊게 만들 수 있을까?

CHAPTER 2

당신이 건강을 착각하는 이유

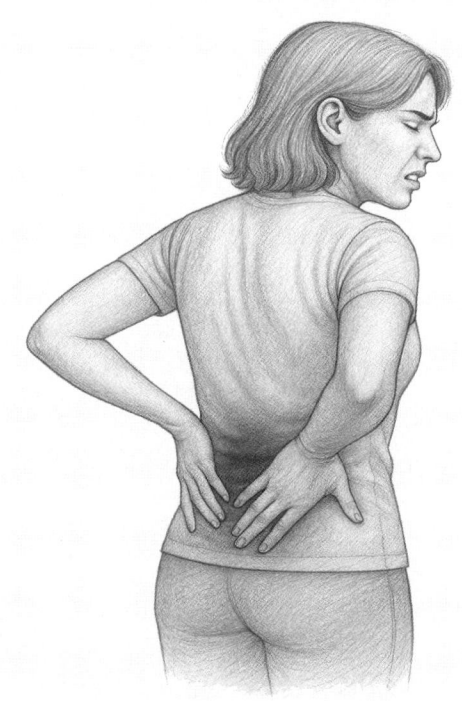

자세는 세포의 노화에 영향을 미친다

생명은 움직임이며, 움직임은 생명이다.
— 모셰 펠덴크라이스(Feldenkrais, M, 1977)

보이는 것이 전부가 아니다.

셜록 홈즈 Sherlock Holmes [6]는 작중에서 이렇게 말한 바 있다.

"당신은 보기만 하고 관찰하지는 않는다. 그 차이는 분명하다."
"You see, but you do not observe. The distinction is clear."
— Arthur Conan Doyle, A Scandal in Bohemia (1891)

우리가 자주 접하는 소위 '전문가'라고 불리는 사람들조차 간과하는 중요한 사실이 있다. 자세는 단순히 근육과 뼈, 즉 근·골격계의 문제에 국한되지 않는다는 점이다. 특히 나쁜 자세 또는 바르지 못한 자세는 몸속

---

[6] 영국 추리소설 작가 '아서 코난 도일'이 창조한 전설적인 명탐정으로, 날카로운 관찰과 추리로 사건을 해결하는 상징적 캐릭터이다.

세포 하나하나의 생리학적 작용에도 직접적인 영향을 미친다.

예를 들어, 구부정한 자세를 오랫동안 유지하면 단순히 어깨가 뭉치고 목이 뻐근해지는 수준에서 그치지 않는다. 눈에 보이지 않는 세포들이 산소와 영양을 충분히 공급받지 못한 채 기능을 잃고, 노화의 속도가 가속화된다. 그렇다면 노화란 단순히 시간의 흐름일까, 아니면 우리 몸이 보내는 생체 전기신호 bioelectrical signals 의 결과일까?

과학·의학 분야의 최근 연구들은 신체의 세포가 평소 자세에 반응한다는 사실을 밝혀냈다. 구부정한 자세는 뇌와 신체를 연결하는 신경계의 균형을 깨뜨리고, 자율신경계의 조절 능력을 무너뜨린다. 그 결과 혈류는 정체되고 장기의 기능은 서서히 저하되며, 세포는 산소를 충분히 공급받지 못해 에너지 대사가 둔화된다. 반대로 바르게 서는 순간, 폐가 활짝 열리며 산소 공급이 원활해지고, 뇌와 장기 곳곳에 활력이 퍼진다. 신경계가 정돈되고, 회복 시스템이 가동되기 시작하는 것이다. 즉, 바르게 선다는 것은 지쳐 있던 세포에 새 생명을 불어넣는 일이다.

이와 관련해 미국 텍사스의 조클레타 윌슨 Jocleta Wilson 의 사례를 살펴보자.

텍사스에 살고 있는 그녀는 무려 100세의 나이임에도 불구하고 여전히 홈디포 Home Depot 의 계산원으로 일하며 많은 언론의 주목을 받고 있다. '장수의 비결이 무엇이냐'는 제작진의 질문에 그녀는 주저하지 않고 이렇게 대답했다.

"벽에 등을 붙이고 서서 내 자세를 매일 점검해요. 구부정하면 그날 하루가 흐트러질 수 있거든요."

윌슨은 매일 아침 '벽 기대선 자세 정렬 루틴'을 통해 자신의 정렬 상태를 확인한다. 그리고 홈디포 계산대 앞에서 하루 4시간 이상 서서 걷고, 움직이는 생활을 4년 넘게 이어오고 있다. 이 모든 과정을 외부의 도움 없이 스스로 지속해 오며, 운전부터 대부분의 일상까지 거뜬히 수행한다.

KBS 프로그램 〈생로병사의 비밀〉에서도 그녀의 사례를 집중 조명했다. 방송은 "바른 자세와 근육이 바로 역노화 생존의 공식"이라 강조하며, 일상에서 꾸준히 실천하는 자세 교정과 근육 유지가 장수와 건강의 핵심임을 알려주었다.

그녀에게 '자세'는 단순한 건강 습관이 아니다. 몸이 곧게 서야 마음도 명료해진다는 철학, 그리고 움직임이 곧 생명력이라는 믿음이 매일의 삶을 떠받치는 중심이다.

윌슨은 이렇게 말한다.

"저는 작은 일에 신경 쓰지 않아요. 대신 자세를 관리하여 몸과 마음을 똑바로 세우는 데 집중해요."

그녀의 말속에 삶의 분명한 우선순위가 드러나 있다. 이 단순하고도 꾸준한 루틴이야말로 '저속노화'의 해법, 즉 '바른 자세의 힘'을 입증하는 가장 생생한 사례다.

몸속 세포는 단지 존재하는 것이 아니라, 당신의 모든 움직임을 주시하고 있다. 일반적으로 세포는 영양학적 관점에서 주로 다뤄지지만, 이번 장에서는 자세가 세포에 미치는 영향을 객관적 연구 결과를 통해 살펴본다.

이제부터 소개할 연구들은 '자세'가 단순히 겉모습이나 체형의 문제가 아니라, 우리 몸의 기능적 기반을 결정짓는 핵심 요소임을 보여줄 것이다.

먼저 Journal of Physical Therapy Science에 실린 Park et al.²⁰¹⁸의 연구에서는, 자세가 무너질 경우 흉곽의 움직임이 제한되어 폐기능이 저하되고, 그로 인해 온몸으로 전달되는 산소 공급이 줄어든다는 사실을 확인했다. 이는 단순한 불편함이 아니라 세포 하나하나의 호흡이 억제되는 생리학적 위기다.

최근 메타분석 연구들은 호흡 훈련이 자율신경계를 안정시키고 스트레스 지표를 낮추는 데 효과적이라는 사실을 확인했다. 즉, 자세를 바로잡는 행위는 단순한 외형 개선을 넘어, 뇌와 세포 회복은 물론 정서적 안정에도 직결된다는 것이다.

이 밖에도 자세가 세포 수준까지 영향을 미친다는 과학적 근거도 속속 보고되고 있다. 벤투리니 Venturini 등은 세포의 핵이 세포 형태 변화를 감지하고 이를 유전자 발현과 기능적 반응으로 전환하는 내부 센서 역할을 한다는 사실을 밝혀냈으며, 초우두리 Chowdhury 등은 세포 골격의 장력 prestress 이 유전자 발현, 세포 분화, 면역 반응에까지 중요한 영향을 미친다고 보고했다.

더불어, 체내 조직의 기계적 환경 — 예를 들어 압박이나 중력의 변화 — 이 세포와 핵의 반응을 조절하고, 단순한 물리적 압력만으로도 세포 신호전달이 촉발될 수 있음을 최근 발표된 연구들이 뒷받침하고 있다.

즉, '자세'라는 물리적 입력값이 신체 전체의 기능을 재설정하는 하나의 시작 신호 Trigger Signal 로 작용할 수 있다는 것이다.

앞서 소개한 연구들은 모두 국제 학술 저널에 게재된 실제 논문에 기반한 신뢰할 수 있는 자료다. 따라서 이 내용들은 과학적으로 검증된 근거임을 밝힌다.

■ 논문 요약표

논문 자료	핵심 내용	영향
Park et al.(2018), Journal of Physical Therapy Science	자세 불균형 시 흉곽 가동성 저하 → 폐기능 저하 확인	호흡 제한, 세포 산소 공급 저하
Venturini et al.(2020), Science	세포핵이 기계적 형태 변화를 감지해 유전자 발현과 반응 조절	세포핵 → 기능 센서 역할
Chowdhury et al.(2021), Cytoskeleton	세포 골격의 장력 변화가 유전자 발현·분화·면역 반응 조절	기계적 장력 → 세포 기능 조절
Rajendran et al.(2023), Biomaterials Research	기계적 환경이 세포·핵 반응 및 줄기세포 분화에 영향	자세 변화 → 조직·세포 기능 변환
Faure et al.(2025), Journal of Cell Science	압박이 세포 신호 전달과 기계적 반응 촉발	물리적 압력 → 세포 반응 유도

자세와 생리학적 상관관계에 관한 이러한 연구들을 통해, 더 많은 사람들이 그 중요성을 깨닫게 되기를 바란다.

림프순환과 자세의 상관관계

림프계 Lymph System 는 흔히 '몸속 청소부'로 불리지만, 혈액순환처럼 심장과 같은 강력한 펌프가 없어 스스로 충분히 움직일 수 없다. 림프의 흐름은 주로 골격근[7]의 수축, 호흡 운동, 자세 변화와 같은 외부 압력에 의해 촉진되며, 림프관 벽의 미세한 평활근[8] 수축이 보조적으로 작용한다.

이와 같이, 우리가 몸을 움직이고, 호흡하고, 자세를 바르게 유지하는 행위가 곧 림프 순환의 원동력이 되는 것이다.

보통 울고 나면 눈이 붓거나, 장시간 앉아 있으면 다리가 붓는 이유도 결국 림프가 제 역할을 하지 못해 순환이 정체되기 때문이다. 잘못된 자세로 오래 앉거나 서 있으면 림프 흐름이 느려지고, 이로 인해 몸속 노폐물과 독소가 효과적으로 배출되지 못한다.

특히 구부정한 자세는 흉부와 복부의 림프절을 압박해 순환장애를

---

7) 뼈에 붙어 몸을 움직이는 근육. 의지적으로 수축·이완이 가능하다.
8) 내장기관이나 혈관, 림프관 벽에 분포하는 근육. 의지와 관계없이 자동으로 수축·이완한다.

초래할 수 있다. 반면, 척추를 곧게 펴고 어깨를 자연스럽게 뒤로 젖히는 바른 자세는 림프관의 압박을 줄여주고 림프액 흐름을 촉진하는 데 중추적 역할을 한다. 즉, 바른 자세는 세포 청소 속도를 높이고, 몸속 회복 시스템을 가동시키는 핵심 동력이 될 수 있다.

림프의 흐름은 호흡과 자세에 민감하게 반응한다는 사실은 여러 생리학적 연구에서 확인되어 왔다. 특히 장시간 앞으로 굽은 자세는 흉곽의 움직임을 제한하여 호흡 펌프의 효율을 떨어뜨리고, 결과적으로 림프순환에 불리하게 작용할 수 있다. 반대로 가슴을 열고 허리를 펴는 자세, 그리고 횡격막을 활용한 복식호흡은 림프 흐름을 촉진하는 데 도움이 된다.

림프순환이 원활하지 않으면 노폐물과 단백질, 면역세포 이동이 지연될 수 있다. 반대로 올바른 자세와 복식호흡은 림프액의 흐름을 촉진해 면역 기능 활성에 긍정적인 영향을 미친다.
"당신이 자세를 바로 세우는 순간, 마치 림프라는 러너 runner 가 트랙 위를 달리기 시작하듯 몸속 순환이 되살아난다."

다음 표는 림프계가 정체되면 나타나는 증상과 바른 자세가 림프에 미치는 영향을 나타낸다.

림프 정체 증상	바른 자세 효과
얼굴·다리 부종	림프 순환 원활 → 부종 완화
만성피로, 무기력감	노폐물 배출 → 세포 활성
면역력 저하	림프구 이동 개선 → 바이러스 방어력 상승
피부 트러블	해독 기능 회복 → 염증 및 독소 제거

이제 당신은 자세와 관련된 인체의 놀라운 신비를 하나씩 알아가고 있다. 특히 림프 순환과 자세의 연관성에 대해, 이제는 더 깊이 공감하고 있을 것이다.

림프순환이 원활해졌다면 이제 세포에 신선한 산소와 영양을 공급할 준비가 끝난 셈이다. 그 세포를 깨우고 활성화했으니 이제 그다음 단계로 살펴볼 것은 바로 호흡이다.

하지만 그전에 림프순환을 촉진하는 간단한 자세 정렬 루틴을 실천해 보자.

하루 딱 9분만 투자하면 된다. 짧지만 강력한 이 루틴이야말로, 인생을 새롭게 리셋하는 시작점이다.

① 쇄골 개방 W자세 3분: 가슴을 열어 림프 흐름을 돕는 기본 루틴. 예) YWL 스트레칭, 등 뒤에서 깍지 끼고 들어올리기
② 횡격막 호흡 3분: 복식호흡으로 흉곽을 열어 확장, 림프관 흐름을 활성화.
③ 목과 겨드랑이 마사지와 스트레칭 3분: 림프절 밀집 부위 자극.

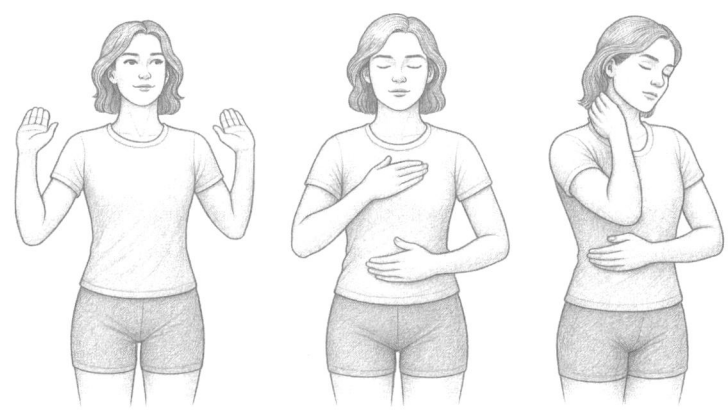

이렇게 림프의 길을 먼저 열어주면 호흡이 훨씬 깊고 자연스러워진다. 이 호흡은 잠들어 있던 세포를 깨우고, 흐릿했던 몸과 마음의 에너지를 다시 선명하게 각성시킨다. 다음 장에서 이와 관련한 놀라운 변화를 함께 확인해 보자.

자세와 호흡이 세포를 깨운다

앞서 언급했듯이, 우리는 일상 속 자세가 피부나 근·골격계에 미치는 영향에 비교적 관심이 많고, 그 중요성도 잘 알고 있다. 그러나 자세가 신경계, 순환계, 호흡계, 림프·면역계, 내분비계 등 신체의 내적인 시스템에까지 미치는 영향에 대해선 상대적으로 관심이 적고 잘 알려져 있지 않기에, 그 중요성 또한 제대로 인식되지 못하고 있다.

잘못된 자세는 척추를 압박하고 흉곽의 움직임을 제한하여 호흡을 얕게 만든다. 이로 인해 폐를 통한 산소 교환량이 줄어들고, 산소 결핍이 발생하면 세포 내 미토콘드리아[9]의 에너지 생산이 저하된다. 세포가 충분한 에너지를 만들지 못하면 피로가 쉽게 찾아오고, 체내 노폐물은 쌓이며, 세포 재생력 역시 떨어지게 된다.

반대로 바른 자세는 횡격막[10]을 충분히 사용하는 복식호흡을 가능

---

9) 세포 속에 존재하는 소기관으로, 우리가 섭취한 영양소와 산소를 이용해 에너지를 생산하는 '세포의 발전소' 역할을 한다.
10) 흉곽과 복부 사이에 위치한 돔 형태의 근육으로, 호흡의 70~80%를 담당하는 가장 중요한 호흡 근육이다.

하게 한다. 이를 통해 폐활량이 증가하고, 세포 하나하나에 더 많은 산소가 공급된다. 산소가 원활히 공급되면 미토콘드리아는 효율적으로 에너지를 생산하며 불필요한 활성산소의 과잉 생성을 억제할 수 있다. 그 결과 세포는 더 젊고 활기차며 회복력 있는 상태를 유지하게 된다.

결국 자세는 호흡과 밀접하게 연결되어 있으며, 호흡은 곧 세포에 전달되는 생명의 흐름이다. 바른 자세를 유지하는 것은 단순한 외형 관리가 아니라, 몸 안 깊숙이 생명을 순환시키는 근원인 것이다.

늘 숨가쁘게 쫓기는 현대인들에게 가장 흔히 나타나는 호흡 패턴 중 하나가 바로 얕은 가슴호흡 thoracic breathing 이다. 이 방식은 폐의 일부만을 사용하기 때문에 산소를 충분히 들이지 못하고, 그 결과 세포는 에너지를 잃는다.

그러나 바른 자세와 복식호흡 Diaphragmatic Breathing, 일명 Abdominal Breathing 을 배우고 실천하면 상황은 달라진다. 횡격막이 수축해 아래로 내려가면서 흉곽의 용적이 커지고, 그 결과 폐가 충분히 확장되어 산소 교환이 원활해진다. 이 과정은 세포에 충분한 산소를 공급해 에너지 대사가 효율적으로 이루어지도록 하고, 몸에는 마치 신선한 공기를 새롭게 선물받은 듯한 활력을 불어넣는다. 이러한 효과는 여러 연구에서도 확인된다.

실제로 『Frontiers in Neurology』에 실린 연구에서는 복식호흡이 호흡 기능을 개선하고 혈중 산소포화도를 높이는 결과가 보고되었다. 더 나아가 다른 무작위 대조 연구들에서는 복식호흡이 자율신경계의 균형을 회복시켜 스트레스 반응을 완화하고, 불안·불면 같은 심리적 증상을 줄이며, 수면의 질을 개선하고 소화기 기능에도 긍정적 영향을 미친다는 사실이 확인되었다.

이러한 효과는 횡격막이 수축해 흉강의 용적이 커지고, 그 결과 폐가 깊게 확장되어 산소 교환이 원활해지는 데서 비롯된다. 산소 공급이 개선되면 세포 대사와 항상성이 회복되고, 신체는 자연스럽게 균형 있는 긴장과 이완 상태를 유지하며, 언제든 다음 활동을 준비할 수 있도록 돕는 것이다.

이 원리는 일상의 작은 사례에서도 확인할 수 있다. 내 아내는 생선회를 무척 좋아하는데, 특히 숙성회보다 자연산 활어회를 즐긴다. 그래서인지 활어의 신선도를 어떻게 오래 유지하느냐는 이야기가 늘 흥미롭게 다가온다. 그중에는 수조에 천적을 함께 넣는다는 이야기도 전해진다. 실제 과학적 근거가 있는 방법은 아니지만, 긴장 속에서 끊임없이 움직이는 활어가 더 생생해 보인다는 은유적 표현이다. 사람도 마찬가지다. 익숙한 일과 움직임이 갑자기 끊기면 몸의 긴장감은 풀리고, 세포 차원의 활력 또한 서서히 꺼져간다.

은퇴나 장기 휴식 후 노화가 급격히 진행되는 듯한 느낌이 드는 이유는 단지 나이 때문만이 아니다. 그동안 유지해 왔던 '움직임과 업무 자세', 즉 일상 속의 긴장 리듬과 활동 패턴이 무너지는 데에서 비롯되는 것이다. 작은 움직임 하나하나가 신체 리듬을 지탱하고 활력을 유지하는 힘이 되는데, 그것이 사라지면 몸은 곧바로 변화를 감지하고 균형을 잃기 시작한다. 결국 적절한 긴장감 속 꾸준한 움직임과 올바른 자세가 곧 젊음을 지켜주는 생활의 리듬인 셈이다.

이처럼 바른 자세라는 일상 속 작은 행동은 생각보다 훨씬 강력하다. 예를 들어, 매일 짧고 강한 강도의 웨이트 트레이닝이나 필라테스 운동을 1시간씩 꾸준히 하는 사람은 나머지 23시간 동안 회복과 치유, 즉 휴식을 취해야 한다.

휴식의 기본값은 편안함이다. 운동 시간에 비해 편안한 시간이 더 길고 오래 이어진다. 그러나 운동 강도에 비해 상대적으로 가벼워 보이는 일상 속 바른 자세라도, 하루 동안 꾸준히 의식을 가지고 실천한다면 쉬는 시간을 최소화하면서도 우리 몸에 적절한 자극과 긴장 상태를 유도한다.

당장은 미미하게 느껴질 수 있지만, 이런 긴장감이 꾸준히 이어질 때의 긍정적 효과는 마치 복리처럼 작용한다. 그 결과 '저속노화'라는 이자가 쌓이며, 더 젊고 생기 있는 삶을 유지할 수 있는 선순환 구조를 만들어낸다.

건강한 삶이 오직 하루의 일부에만 국한된 짧은 운동과 노력, 즉 제한된 순간의 실천에 머문다는 고정관념에서 탈피할 때다. 그러나 매일, 작지만 꾸준히 반복되는 바른 자세 실천은 가랑비 옷 젖듯 서서히, 그러나 확실히 당신의 건강과 삶을 바꿔낸다.

실천 루틴
세포를 깨우는 자세 호흡 루틴(9분)

① YWL 스트레칭(상체 3분)
   벽에 등을 기대고 두 팔을 벌려 Y자 모양을 만든 뒤 10~20초간 유지합니다. 그다음 팔꿈치를 살짝 내려 W자를 만들고 10~20초 유지, 마지막으로 팔을 더 내려 L자를 만들고 10~20초 유지합니다. 이때 호흡은 길게 들이마시고 천천히 내쉬며, 가슴이 시원하게 열리는 감각에 집중합니다.

② 복식호흡 훈련(3분)
   등을 곧게 펴고 복부에 손을 댄 상태에서 천천히 들이쉬고 내쉬며 복부의 움직임을 느낍니다.

③ 림프순환 자극 마사지(3분)
   목과 겨드랑이, 사타구니 부위의 림프 흐름을 자극합니다.

이 하루 9분의 루틴은 당신의 세포를 깨우고, 몸과 뇌를 젊게 만드는 가장 간단하고 확실한 습관이다.

◆ Before & After **자가진단**

① 정면/측면 자세 사진을 찍어주세요. (셀프 카메라 또는 무료 자세 측정 어플 활용)

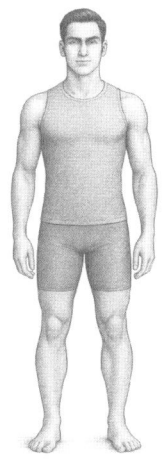 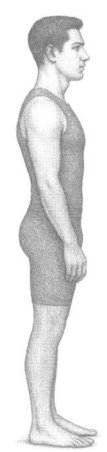

② 다음 기준으로 Before 체크 후, 루틴 3주 후에 After와 비교해 보세요.

• **정면(앞모습)**

☐ 얼굴 머리 의 좌우 균형이 안 맞다.
☐ 어깨 높이의 좌우 균형이 안 맞다.
☐ 골반 높이의 좌우 균형이 안 맞다.
☐ 무릎 높이의 좌우 균형이 안 맞다.
☐ 발의 높이의 좌우 균형이 안 맞다.

• **우측면(옆모습)**

☐ 머리가 앞이나 뒤로 기울어 있다.

☐ 어깨가 말려 있다.

☐ 골반이 앞 또는 뒤로 기울어 있다

☐ 척추 라인이 S자가 아닌 앞으로 꺾여있거나 뒤로 굽어있다.

☐ 무릎이 앞으로 굽어있거나 과도하게 펴져 있다.

• **하루 9분! '자세 호흡 루틴'을 체크하며 실천해 봅시다.**

☐ 흉곽 스트레칭 3분

☐ 복식호흡 훈련 3분

☐ 림프 순환 자극 동작 3분

안드로이드용

12초 만에 자세를 분석할 수 있는
무료 측정 어플

**플레이슬리밍고
다운로드 링크**

아이폰용

•세포활성 자세 호흡 루틴 7일 체크표

실천 기록(√ 체크하기)

날짜	흉곽 스트레칭	복식호흡	림프 순환 자극	느낀 점
Day 1 월 일	☐	☐	☐	
Day 2 월 일	☐	☐	☐	
Day 3 월 일	☐	☐	☐	
Day 4 월 일	☐	☐	☐	
Day 5 월 일	☐	☐	☐	
Day 6 월 일	☐	☐	☐	
Day 7 월 일	☐	☐	☐	

자세와 호르몬 대사의 과학적 상관관계

하루 9분, 단 9분의 자세 정렬 루틴만으로도 우리의 몸과 마음은 눈에 띄는 변화를 경험할 수 있다. 초기 연구에서는 단 2분간 바른 자세를 유지하는 것만으로도 스트레스 호르몬인 코르티솔 수치를 낮추고, 테스토스테론을 증가시켜 자신감을 높일 수 있음이 확인되었다. 이후 진행된 여러 연구들 또한 자세를 세우는 행동이 자신감과 주관적 힘을 높이는 데 효과적이라는 사실을 반복적으로 보고했다. 즉, 자세 교정은 더 긴 시간 실천될수록 그 효과가 더욱 안정적이고 지속된다는 점을 뒷받침하고 있다.

또한 기분과 정서를 안정시키는 데에도 바른 자세가 중요한 역할을 한다. 『Journal of Behavioral Therapy and Experimental Psychiatry』에 발표된 연구에서는 곧은 자세를 취한 참가자들이 긍정적 정서가 증가하고 피로가 줄어드는 변화를 경험했다고 보고했다. 더 나아가, 횡격막을 활용한 복식호흡은 폐활량을 넓히고 산소 교환을 원활하게 하여 스트레스를 완화하고 수면의 질을 높이며, 마음과 몸의 균형을 회복하는 데 기여한다는 사실이 임상연구들을 통해 밝혀지고 있다.

즉, 바르게 정렬된 자세와 깊은 호흡은 신체와 정신을 동시에 회복시키는 강력한 습관이 될 수 있다.

▎수면 자세는 뇌와 세포 건강의 원동력

자세는 깨어 있을 때만 중요한 것이 아니다. 잠을 잘 때의 수면 자세는 '하루 중 가장 오랫동안 무의식적으로 유지되는 자세'다. 많은 사람이 낮 동안은 자세에 신경을 쓰지만, 실제로 우리 몸이 한 공간에서 취하는 자세로 가장 오래 머무는 시간은 바로 수면 중이다. 이때 취하는 자세는 단순한 습관이 아니라 신체 회복과 뇌 청소에 직접적인 영향을 주는 가장 중대한 생리적 회복 루틴이다.

만약 수면 자세가 무너지면 우리 몸엔 어떤 영향이 생길까? 구부정한 자세로 잠들면 깊은 수면에 방해가 되어, 아침에 충분히 쉰 듯한 상쾌함 대신 피로감으로 하루를 시작하게 된다. 수면의 질이 떨어지면 자율신경계의 균형이 무너지고, 호르몬 리듬과 신진대사에도 부정적인 영향을 미친다. 특히 엎드려 자는 습관은 목과 허리에 과도한 부담을 주고, 가슴과 배를 압박해 호흡과 소화 기능을 방해한다. 그 결과 만성적인 통증이나 불편감을 유발하며 심신의 회복을 더디게 만든다.

우리의 뇌는 빛과 어둠, 활동과 휴식의 리듬에 따라 스스로를 조절한다. 그러나 수면 습관이 불규칙하거나 자세가 무너질 경우, 뇌는 낮과 밤의 구분을 혼란스러워하고, 회복 모드로 진입하지 못한 채 과잉각성 상태에 머무르게 된다. 그 결과, 수면의 질이 떨어지고 일상의 리듬은 점차 무너지기 시작한다. 이러한 상태가 장기간 지속되면, 단순한 피로감을 넘어 만성적인 수면 부족으로 인한 불면증, 심한 우울감, 신경계 과민 반응 등으로 이어지고, 결국 수면 장애로 고착되어 정신적·신체적 기능의 저하를 초래할 수 있다.

실제로 여러 연구에서는 수면 장애가 자율신경 불균형, 면역기능 저하, 호르몬 분비의 불안정성과 밀접하게 연관되어 있다고 보고된다. 이는 만성 염증을 유발하고, 장기적으로는 원인을 특정하기 어려운 기능성 질환이나 자가면역 질환, 심지어 대사성 질환으로 이어질 위험을 높인다. 수면을 방해하는 것이 고문 수단으로 사용되어 온 이유도 바로 이 때문이다. 수면은 단순한 쉼이 아니라, 뇌와 몸이 회복하고 균형을 재구축하는 생존 기반 시스템이다.

호르몬 이름	주요 기능 및 역할	분비기관	관련 키워드
인슐린	혈당을 낮추는 대표적 호르몬으로, 혈당이 상승할 때 분비되어 포도당을 세포 안으로 운반하고 에너지원으로 활용하게 함	췌장	혈당 조절, 에너지 대사, 당뇨
멜라토닌	수면-각성 리듬을 조절하는 호르몬으로, 어두운 환경에서 분비가 늘어나 '수면 신호'를 보내며 신체 리듬을 안정시킴	송과선 (pineal gland, 뇌의 시상 사이에 자리한 작은 분비샘)	수면, 생체시계, 어둠, 휴식
세로토닌	기분 안정과 정서 조절에 중요한 역할을 하며, 행복감 형성에도 기여함. 장운동, 식욕, 수면 조절과도 관련 있음	장, 뇌 등	행복 호르몬, 감정, 식욕, 수면

그런 의미에서 '수면 자세'는 회복의 무대에서 단역이 아닌 주연 역할을 한다. 특히 바르게 정렬된 수면 자세는 단순한 편안함을 넘어, 뇌

와 몸이 가장 자연스럽게 이완되고 회복할 수 있는 생리학적 설정값이다. 결국, 수면 자세가 바뀌면 다음 날 하루의 질 역시 달라질 수 있다.

최근 뇌 과학 연구에 따르면, 옆으로 특히 좌측 누워 자는 자세는 뇌의 글림프 시스템[11]을 가장 효과적으로 활성화하는 자세로 알려져 있다. 이 자세는 알츠하이머 예방에도 유의미한 연관성을 보이며, 실제 실험에서 좌측으로 누워 자는 자세가 뇌척수액 흐름과 노폐물 제거에 가장 이상적인 조건임이 입증되었다.

이와 달리 등을 곧게 펴고 바르게 누운 자세는 뇌의 각성 상태를 빠르게 진정시키고, 수면 진입 시간을 단축하는 데 도움을 준다. 35명을 대상으로 한 EEG-fMRI[12] 연구에서는 바른 자세를 취한 그룹이 옆으로 누운 그룹보다 더 빨리 수면 상태에 도달했고, 뇌의 각성 영역에서도 빠른 안정화가 관찰되었다. 지금 소개한 두 가지 수면 자세의 특성을 실생활에서 잘 활용한다면 자신의 상황과 건강 상태에 최적화된 수면 패턴을 형성할 수 있을 것이다.

이와 같이 수면 자세는 단지 외형적인 정렬을 넘어, 뇌파 활동에도 직접적인 영향을 미친다. 한 연구에 따르면 바른 자세는 긴장과 신체활동을 활성화하는 고주파와 각성파 베타파, 감마파 를 억제하고, 이완과 깊은 휴식을 유도하는 세타파와 델타파의 활동을 높이는 데 기여한다. 즉, 올바른 자세는 신체뿐 아니라 뇌를 '회복 모드'로 전환시키는 하나의 강력한 명령어인 셈이다.

---

11) 신경세포 주변에 쌓인 노폐물을 제거하는 뇌의 청소 시스템
12) 뇌파검사(EEG, Electroencephalography)와 기능적 자기공명 영상(fMRI, functional Magnetic Resonance Imaging)을 동시에 사용하는 뇌 연구 방법

뇌파 종류	주파수 범위	주요 상태	특징 및 의미
감마파 (Gamma)	30Hz 이상	고도의 집중, 인지 처리	복잡한 문제 해결, 학습, 기억 통합 시 활성화. 스트레스 상태에서도 증가함.
베타파(Beta)	13~30Hz	깨어 있고 활동적인 상태	집중, 논리적 사고, 불안·과한 긴장 상태와도 연관 있음. 과하면 스트레스 유발 가능.
알파파 (Alpha)	8~12Hz	안정적 이완 상태	눈을 감고 조용히 쉴 때 활성화. 영상, 창의적 사고와 연관. 뇌의 '회복 대기 모드'.
세타파 (Theta)	4~8Hz	졸림, 얕은 수면, 몽상	무의식이 활발해지는 구간. 창의력과 직관, 초기 수면 단계에서 주로 나타남.
델타파(Delta)	0.5~4Hz	깊은 수면 상태	완전한 회복과 치유에 필수적인 깊은 수면 단계에서 나타남. 성장호르몬 분비와 연결.

※ 본 표는 독자의 이해를 높이기 위해 학술적 전문 용어를 간단한 표현으로 풀어 설명한 것이다.

 이처럼, 바른 수면 자세는 숙면의 기본값이다. 심박수를 안정시키고 호흡을 깊게 하며, 부교감신경계를 활성화해 자율신경계의 균형을 돕는다. 게다가 숙면은 체중 조절과도 직결된다. 수면이 부족하면 포만감을 전달하는 렙틴 leptin 포만 호르몬 이 감소하고, 식욕을 자극하는 그렐린 ghrelin 식욕 촉진 호르몬 은 오히려 증가해 뇌가 "더 먹으라"는 신호를 보내게 된다. 그 결과 평소보다 쉽게 과식을 하거나, 고칼로리 음식을 더 선호하게 되며 체중이 점차 늘어나기 쉽다.

 실제로 여러 연구들은 짧은 수면 시간이 비만율 상승과 직접적으로 관련됨을 반복적으로 보고해 왔다. 특히 하루 5시간 이하의 수면만 취한 사람들은 7~9시간의 숙면을 취한 사람들에 비해 비만 위험이 뚜렷하게 높았으며, 장기적으로는 제2형 당뇨와 대사증후군의 위험까지 증가한다는 결과도 제시되었다.

다시 한번 강조하자면, 수면은 뇌와 세포가 재생되고 몸의 정렬이 회복되는 시간이며, 그 바탕에는 언제나 '자세'가 있다. 이 근본적인 사실은 우리가 수면 자세의 질을 높이기 위해 의식적으로 노력해야 함을 분명히 보여준다.

체형에 맞는 베개와 매트리스를 선택하고, 의식적으로 올바른 자세로 잠드는 연습이 필요하다. 낮 동안 바른 자세 루틴을 실천했더라도, 잘못된 수면 자세로 밤을 보낸다면 그 회복 효과는 크게 줄어든다.

자세 정렬 루틴의 진정한 완성은 '자는 자세까지 정렬되었을 때' 이뤄진다. 이는 하루 동안 중력에 시달린 몸의 피로는 물론, 뇌의 컨디션, 면역 기능, 세포 재생, 감정 회복까지 아우르는 가장 조용하면서도 확실한 해결사다.

◆ 올바른 정면 수면 자세 가이드 팁

☑ **머리와 목**
- 베개는 낮고 평평하게, 목의 자연스러운 C자 곡선을 지지.
- 턱을 과도하게 당기거나 젖히지 않고 중립 위치 유지.

☑ **어깨와 척추**
- 양팔은 몸 옆이나 배 위에 가볍게 올려 긴장 완화.
- 척추는 일직선 정렬 유지, 허리가 뜨지 않도록 주의.

✓ 골반과 무릎

- 무릎 밑에 얇은 쿠션을 넣어 허리 긴장을 줄이고 요추 압박 완화.
- 골반은 좌우로 기울지 않게 중립 정렬 유지.

✓ 효과

- 목(경추)과 허리, 골반의 중립 정렬 유지 → 체형 불균형 예방
- 허리와 어깨 압박 완화 → 근육 긴장 감소
- 호흡 개선 및 숙면 유도 → 깊고 안정적인 수면

✓ 피해야 할 습관

- 목이 과하게 꺾일 정도로 높은 베개를 사용하는 자세 → 경추 정렬이 무너지며, 경추관 협착이나 거북목 증상을 악화시킬 수 있음.
- 허리가 침대와 뜬 채로 무리한 곡선을 유지한 상태로 자는 자세
  → 요추 전만이 과해지면서 허리 통증과 디스크 부담 증가.
- 양팔을 머리 위로 올린 채 자는 자세 → 어깨 관절과 승모근, 목 주변 근육을 긴장시켜 어깨 결림·저림 유발.
- 새우처럼 몸을 과하게 웅크리고 자는 자세(태아자세) → 흉곽이 압박돼 호흡이 얕아지고, 척추가 C자형으로 굽어 디스크 압력을 증가시키며, 목·허리 정렬이 흐트러질 위험.

◆ 올바른 측면 수면 자세 가이드 팁

✓ 목과 척추 정렬

- 너무 높지 않은 베개를 사용해 목–척추가 일직선이 되도록 유지.
- 귀, 어깨, 골반이 자연스럽게 수직으로 이어지는지 확인.

✓ 무릎과 골반 안정

- 무릎 사이에 얇은 쿠션을 끼워 골반이 틀어지지 않도록 함.
- 허리 부담을 줄이고 척추 정렬 유지에 도움.

✓ 어깨와 팔의 위치

- 아래쪽 어깨는 과도하게 눌리지 않도록 약간 앞으로 내줌.
- 양손은 편안히 몸 앞쪽에 둠.

✓ 효과

- 골반과 척추 정렬 유지 → 허리 통증 예방
- 어깨 압박 완화 → 어깨 결림 감소
- 복부 압박 완화 → 혈류 개선 및 숙면 도움

✓ 피해야 할 습관

- 베개가 너무 높아 목이 꺾이는 자세
- 무릎 사이 쿠션 없이 다리를 포개 골반이 기울어지는 자세
- 팔을 머리 밑에 두어 어깨와 목에 압박을 주는 자세

◆ 추가 팁

- 한쪽으로만 오래 자지 말고 좌우 번갈아 누워 자는 것이 좋다.
- 척추측만증이나 어깨 통증이 있는 경우, 전문가와 상의 후 맞춤 베개·쿠션을 활용한다.
- 일반적인 수면 자세 가이드이며, 개인의 통증·질환 상태에 따라 전문가 상담이 필요하다.

골반이 틀어지면 풀만 먹어도 살이 찐다

매년 1월이면 많은 사람이 새해 목표에 '다이어트'를 적는다. 팬데믹 시기 급격히 줄어든 활동량과 늘어난 체중은 이제 공통의 경험이 되었고, 문제는 팬데믹이 끝난 지금도 우리의 생활 방식이 크게 달라지지 않았다는 점이다. 출근 대신 책상 앞에 앉고, 등교 대신 온라인 수업을 듣고, 걷기보다 앉아 있는 시간이 더 길어졌다. 몸이 움직이는 시간보다 멈춰 있는 시간이 많아지면서, 비만은 더 이상 개인의 의지 부족이 아니라 환경이 만든 습관병, 현대인의 구조적 질병이 되었다. 실제로 세계보건기구 WHO 는 비만을 공식적인 질병으로 규정했고, 미국식품의약국 FDA 의 임상시험을 통과한 비만 치료제들도 속속 등장하며 치료에 활용되고 있다. 그러나 이 모든 의학적 진전에도 불구하고, 과연 이것이 비만을 극복할 '근본적인 해결책'일까? 하는 질문은 여전히 남는다.

비만을 단순히 '무절제'나 '게으름'의 결과로만 보는 것은 옳지 않다. 비만의 원인은 매우 다양하며, 특히 개인차가 크다. 유전적 요인이나 질병, 사고 등과 같이 우리가 통제할 수 없는 영역에서 비롯되는 경우도 많다. 그러나 일상에서 통제할 수 있는 영역이 분명 존재하며, 이를 꾸준히 관리한다면 비만 문제를 충분히 완화하거나 예방할 수 있다.

비만 증상을 점검할 때 가장 먼저 살펴봐야 할 것은 생활습관이다. 그중 앞서 '자세'의 관점에서 살펴본 수면 습관과 이어서 살펴볼 식습관은 비만과 가장 밀접한 요인이다.

잠시, 우리가 비만 체형으로 변해가는 과정을 시나리오처럼 그려보자.

지금 이 순간에도 매스컴과 소셜 미디어, 숏폼에서는 수많은 음식 콘텐츠가 쏟아지고 있다. 이들은 하루에도 몇 번씩 음식 배달 앱을 열게 만들며 우리를 유혹한다. 마치 종소리에 반응해 침을 흘리는 파블로프의 개[13]처럼, 음식 영상과 사진을 보는 순간 우리의 뇌는 절제보다 입안에 퍼질 맛과 도파민 쾌감에 먼저 중독되어 버린 탓이다.

어느 날, 거울 앞에 선 우리는 되돌리기 어려운 몸의 변화를 마주한다. 마음속으로 결심해 본다. "오늘부터 6시 이후에는 금식할 거야." 그러나 그 약속은 쉽게 무너지는 공허한 다짐이 되기 일쑤다. 죄책감은 무겁게 쌓이고, 급하게 식단을 바꾼다. 야채와 과일, 닭가슴살로 채운 샐러드를 먹고, 비만 관련 건강기능식품을 주문하며, 심하면 병원에서 비만 치료제를 처방받기도 한다. 또, 강도 높은 단식이나 운동을 며칠간 시도해 본다.

하지만 이런 비장한 결심은 오래가지 않는다. 결국 요요 현상과 함께, 다이어트 전보다 더 증가한 체중과 듬직해진 체형을 마주한다. 혹

---

13) 러시아 생리학자 이반 파블로프(Ivan Pavlov, 1849-1936)가 진행한 조건반사 실험. 개에게 먹이를 줄 때마다 종소리를 들려주었더니, 이후에는 먹이가 없어도 종소리만으로 침을 흘리는 반응을 보였다. 이는 특정 자극이 반복 학습을 통해 자동적인 반응(조건반사)을 일으킨다는 사실을 보여주는 대표적 사례다.

시 이 시나리오가 당신의 이야기로 들리는가? 아니다. 이것은 우리 모두의 이야기일 수 있다. 그러니 너무 큰 죄책감을 느낄 필요는 없다.

앞으로 비만 관리를 바라보는 관점과 접근법을 보다 근본적으로 재정립할 필요가 있다. 그 대안으로 주목받는 것이 바로 '자세'라는 새로운 시스템적 관점이다. 자세라는 기본 설정값이 바르게 맞춰지는 순간, 비만 관리는 단순한 체중 감량을 넘어 '몸의 정렬과 기능 회복'이라는 전혀 다른 패러다임으로 전환된다. 이제, 그 이유와 연결고리를 구체적으로 살펴보자.

자세란, 우리 몸이 중력이라는 자연의 힘에 대응하기 위해 취하는 형태다. 우리는 하루 24시간, 의식적이든 무의식적이든 균형을 유지하기 위해 중력과의 힘겨운 싸움을 계속 이어간다. 이 싸움은 우리가 살아 있는 한 결코 끝나지 않는다.

이처럼 중력은 끊임없이 우리 몸 전체에 작용한다. 그러나 그 영향을 감당하는 방식은 모두 같지 않다. 근력, 코어 활성도, 호흡 패턴, 에너지 대사 효율, 근·골격 구조, 체력 그리고 정신적 회복력까지, 개인의 신체 조건에 따라 중력을 버티는 능력은 크게 달라진다. 이러한 차이가 생활 속 반복된 자세와 움직임 습관과 맞물려 서서히 누적되면, 결국 자세와 체형의 불균형으로 이어지게 된다.

인간은 본능적으로 편안함을 선택하지만, 아이러니하게도 우리가 '편안하다'고 느끼는 자세가 중력을 특정 부위에 집중시키며 몸의 정렬을 무너뜨리는 경우가 많다. 그 결과 체형과 내부 장기의 위치가 틀어지고, 더 나아가 외부의 골격 구조와 균형에도 악영향을 미치게 된다.

그 중 상체의 정렬이 흐트러지면 혈액과 림프 순환에도 장애가 생긴다. 이는 얼굴·턱·팔뚝·등·가슴 부위에 부종, 독소 정체, 대사 불균형을 일으키며, 결과적으로 상체 비만을 촉진하는 환경을 만든다.

문제는 여기서 그치지 않는다. 잘못된 자세가 오랜 시간 지속되면 목, 허리, 골반, 다리 등 특정 부위에서 통증이나 뻐근함, 만성 피로 같은 신호가 나타난다. 이는 단순한 피로가 아니라, 몸의 정렬이 어긋났다는 구조적 경고일 수 있다. 다만 우리는 일상에 몰두한 나머지, 몸이 보내는 이런 경고 신호를 알아차리지 못할 뿐이다.

이것이 우리가 직면한 현실 그 자체다. 특히 골반은 우리 몸의 중심이자 주요 장기들이 밀집된 핵심 구조다. 만약 골반이 틀어지면 인대와 근육, 혈관이 압박을 받아 혈액과 림프순환이 원활하지 않게 된다. 이로 인해 하복부와 하체에서 국소적인 체온 저하나 냉증이 나타날 수 있으며, 이를 보완하기 위해 몸은 에너지 저장물질인 지방을 엉덩이, 복부, 허벅지 등에 축적하려 한다. 이렇게 쌓인 지방은 쉽게 빠지지 않아 하체 비만으로 이어지는 경우가 많다.

골반 주변의 구조적 불균형은 단순히 체형의 문제로 끝나지 않는다. 이는 장기의 위치와 압박에도 영향을 주며, 시간이 지날수록 소화·배설·내분비 기능 전반을 무너뜨리는 촉매제가 될 수 있다. 이쯤에서 당신은 이렇게 질문할지 모른다.

"그럼 나는 평생 이 체형으로 살아야 하는 걸까? 되돌릴 방법은 없나?"

걱정할 필요는 없다. 희망적인 해답이 존재하기 때문이다. 도수치료, 추나요법, 카이로프락틱 등은 틀어진 골반 정렬을 일시적으로 회복시키고 통증을 완화하는 데 분명 도움이 된다. 여기에 코어 강화 운동, 올바른 자세 정렬 루틴 같은 체계적인 관리, 그리고 교정 효과를 오래 유지해주는 도구까지 더한다면 금상첨화다.

이 분야에서 16년 넘게 경험을 쌓아온 내가, 당신에게 가장 먼저 권하고 싶은 해결책은 의외로 단순하다.

"바른 자세를 배워 훈련하고, 그것을 일상 속 습관으로 만들어라."

바른 자세는 단순히 보기 좋은 외형을 넘어서, 우리 몸의 기초대사율[14]에도 긍정적인 변화를 줄 수 있다.

2020년 일본 쓰쿠바 대학교 연구에 따르면, 바른 자세로 앉아 있을 때의 에너지 소비량이 구부정한 자세보다 최대 30~40% 높았다. 같

---

[14] 의학적으로 기초대사율(Basal Metabolic Rate, BMR)은 안정 시 생명 유지에 필요한 최소 에너지 소비를 의미하며, 기초대사량은 이를 24시간 기준 총량으로 환산한 값을 가리킨다.
  ※ 본문에서는 독자의 이해를 돕기 위해 '기초대사율'이라는 용어를 사용했지만, 실제로는 바른 자세와 움직임을 통해 '활동 대사량(에너지 소비량)'이 증가하는 현상을 의미한다. 다만 이러한 반복된 활동과 근육 활성은 장기적으로 근육량 증가를 통해 BMR(기초대사율·기초대사량)에도 간접적인 영향을 줄 수 있음을 밝혀둔다.

은 시간 앉아 있어도 더 많은 칼로리를 소모한다는 뜻이다. 이는 특별한 운동 없이도 바른 자세를 유지하는 것만으로 하루 총 소비 칼로리를 높이는 데 기여할 수 있음을 보여준다. 결과적으로 체형 관리와 체중 감량에도 도움을 줄 수 있으며, 당신의 일상을 '자세 정렬 루틴'으로 재설계하는 것만으로도 연비 좋은 몸, 살이 잘 빠지는 체질, 활력 넘치는 삶으로 전환할 수 있다. 여기서 말하는 '자세 정렬 루틴'은 앞서 언급한 자세 교정과 같은 개념으로, 개인이 스스로 실천하고 유지할 수 있는 일상적 루틴을 의미한다. 이후에는 이를 '자세 정렬 루틴'으로 통일해 사용한다.

지금, 이 순간부터 당신이 머무는 모든 공간을 바른 자세 습관의 훈련장으로 삼아보자. 의자, 소파, 자동차, 회의실, 심지어 화장실에 앉아 스마트폰을 보는 그 자세까지.

체형/자세	기초대사율(BMR)	기초대사량(BEE)
바르지 못한 자세	시간당 60kcal	약 1,440kcal/day
바른 자세	시간당 66kcal	약 1,584kcal/day

☞ 하루 약 144kcal 차이 → 한 달이면 약 4,300kcal, 지방 0.6kg 이상 차이 가능
 (※ 이 수치는 실측 실험값이 아니라 논문 기반 추정 수치이다.)

| 자세와 뇌 가소성: 정렬된 몸이 만드는 유연한 뇌

신체의 올바른 정렬은 척수신경을 보호하는 척추의 균형을 바로 세운다. 특히 경추 정렬은 뇌와 이어지는 신경 경로 및 혈류 흐름에 직접적으로 영향을 주어, 전신의 신경계 기능과 두뇌 활동의 안정성에도 중요한 역할을 한다.

최근 건강과 자기계발 분야에서 주목받으며 강조되는 개념이 있다.

우리의 뇌는 일평생 끊임없이 변화한다는 것이다. 신경과학자들은 이것을 뇌 가소성 또는 신경 가소성 neuroplasticity 이라고 부른다. 이 책에서는 편의상 '뇌 가소성'이라 통일하겠다. 움직임이 반복될수록, 뇌는 그것을 '학습'한다.

뇌 가소성에 대한 연구는 이미 의학, 심리학, 재활과학 등 다양한 분야에서 주목받고 있다. 이 분야의 권위자인 데이비드 에글만 David Eagleman 교수는 "몸의 지도가 뇌를 다시 그린다"고 말하며, 신체 정렬과 감각 입력이 뇌 신경망의 재설계를 촉발한다고 설명한다. 캐나다 출신 정신과 의사 노먼 도이지 Norman Doidge 박사 또한 같은 관점을 공유한다. 그는 저서『스스로 치유하는 뇌』에서 신체의 감각과 움직임이 뇌 회복을 이끄는 핵심 자극이 될 수 있다고 설명하며, 뇌는 스스로 다시 설계될 수 있는 기관임을 강조한다.

우리는 여기서 한 걸음 더 나아가 이렇게 정의한다. 바른 자세를 새롭게 학습한 뇌는 신경망을 재설계하며, 그 변화는 결국 한 개인의 정체성까지 바꿔놓는다. 정체성이 바뀌면 삶의 방향, 의미, 가치관, 신념 체계가 새롭게 자리 잡고, 마침내 '최고의 나'와 마주하게 된다.

그렇다면 이제 우리는 '자세'를 이렇게 불러야 하지 않을까?
"자세는 뇌를 설계하고 재창조하는 디자이너이자 예술가다."

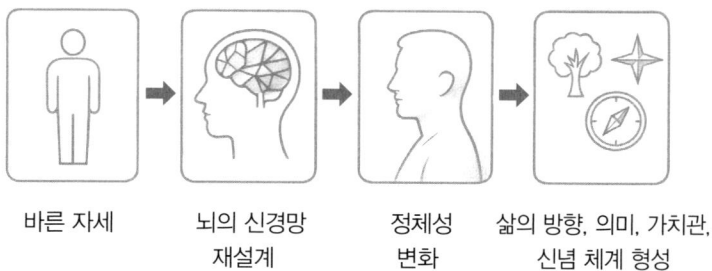

바른 자세 → 뇌의 신경망 재설계 → 정체성 변화 → 삶의 방향, 의미, 가치관, 신념 체계 형성

세대별 & 직업군별 맞춤형 자세 솔루션

│ 왜 맞춤형 자세 솔루션이 필요한가?

모든 변화는 자신을 아는 데서 시작된다. 최근 교육학 용어인 메타인지 metacognition 가 사회 전반에서 활발히 사용되고 있다. 메타인지는 '자신의 사고 과정을 인식하고 조절하는 능력', 즉 "내가 지금 무엇을 알고 있고, 무엇을 모르는지", 그리고 "어떻게 더 잘 이해하고 기억할 수 있는지"를 스스로 점검하고 조절하는 자기 객관화 능력이라고 정의된다 Flavell, 1979 .

동양철학에서 공자는 "자신이 모른다는 것을 아는 것에서 참된 앎이 시작된다"고 했고, 서양철학에서 소크라테스 역시 "나는 내가 아무것도 모른다는 것을 안다"라고 말했다. 이처럼 지혜로운 동·서양의 현자들로부터 배울 수 있는 '앎'의 진정한 의미는, 행동하지 않고 아는 체하는 데에 있지 않다. 오히려 자신의 '모름'을 인정하고, 비록 작더라도 행동으로 옮기는 데서 진짜 앎이 시작된다고 말할 수 있다.

바른 자세 역시 마찬가지다. 먼저 일상 속에서 자신의 자세를 의식하며, 어떤 습관이 몸에 배어 있는지를 살펴보는 것에서 시작해야 한다. 나이, 직업, 생활환경과 습관에 따라 필요한 자세 솔루션은 달라지기 때문이다. 이 장에서는 연령대별·직업군별로 적용할 수 있는 실질적인 자세 솔루션과 실천 루틴을 제시한다.

바른 자세는 세대에 따라 '중심을 유지하는 방식'이 다르게 나타난다. 아래는 청소년부터 시니어까지 적용할 수 있는 3단계 자세 루틴 요약 가이드다. 책상 앞, 일상생활, 휴식과 수면까지 아우르는 실천 전략이 담겨 있으니, 지금 당신이 머무는 공간에서부터 하나씩 적용해보길 권한다.

▌10대 청소년 세대 – 자세 습관 100세까지 간다

◆ 문제 인식

오늘날 대한민국의 10대는 하루 대부분을 책상 앞에서 보낸다. OECD [2017]에 따르면, 한국 청소년의 주간 학습 시간은 평균 50시간 이상으로 세계 최고 수준이다. 그러나 이 노력의 대가로 돌아오는 것은 오직 성적만이 아니다. 신체 활동 부족, 성장판 압박, 자세 붕괴, 근력 저하 등 이 모든 것이 조용히 아이들의 몸을 무너뜨리고 있다. 2020년 건강보험심사평가원 보건의료 빅데이터에 따르면, 척추측만증 환자의 40.2%가 10~19세 청소년이었으며, 특히 여학생이 남학생보다 1.9배 이상 더 많이 발병했다.

이제 척추질환은 더 이상 노년의 문제가 아니다. 당신의 자녀, 혹은 지금의 당신이 구부정한 자세로 살아감으로써 스스로의 미래를 무너뜨리고 있을지도 모른다. 공부를 잘하고 싶다면, 먼저 자세를 바르게 고쳐야 한다. 집중력도, 자신감도, 건강한 성장도 모두 '바르게 서고 앉는 법'에서 시작된다. 지금 바로 '자세'를 인생의 성장 전략으로 삼아야 하는 이유다.

♦ 바른 자세 루틴 솔루션

① 앉기: 엉덩이를 등받이에 깊게 붙이고, 허리는 S자 곡선을 유지. 무릎은 고관절보다 약간 아래로 유지. 복식호흡과 함께 정수리가 하늘에 닿는다는 생각으로 쭉 펴주며 목 주변과 허리 주변 근육을 부드럽게 이완시키기.

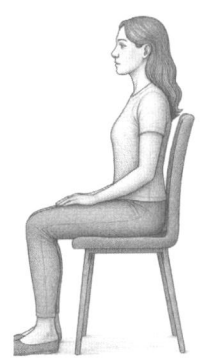

② 스마트폰 사용 시: 스마트폰은 눈높이까지 들어 올리고, 고개는 숙이지 않도록 주의. 턱을 약간 당기기.

③ 수면 자세: 옆으로 누워 다리 사이에 얇은 쿠션을 끼우고, 척추가 일직선이 되도록 베개 높이 조절.

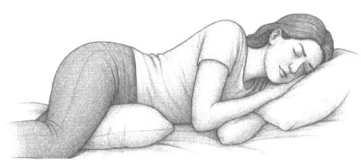

* QR코드를 스캔해 지금 바로 함께 움직여 보세요.

시간대	루틴 구성	목적
기상 후 등교 전 (3분)	벽 정렬 자세 2분 + 복식호흡 1분	기상 후 척추 안정화 및 뇌기능 활성화
매 쉬는 시간 (1분)	의자에서 일어나 어깨돌리기 + 목 스트레칭	혈액순환 촉진 및 긴장감 완화, 집중력 회복
취침 전 (5분)	복부 이완 복식호흡 + 다리 올리기 자세	신체 및 정서 안정과 숙면 유도

(☞ 각 루틴은 정해진 시간에 맞춰 타이머를 설정하고 실천하면 효과가 더욱 높아진다.)

◆ 디지털 기기 연계

① 스마트폰 및 태블릿 사용 전, 자세 리마인더 알림을 설정한다.
② 학교나 가정에서 과제를 시작하기 전, 30초간 '자세 리셋'을 습관화한다.
③ 교사·부모와 함께 참여하는 바른 자세 만들기 문화 캠페인을 SNS에서 확산한다.(해시태그 예: #청소년바른자세 #바른자세습관 등)

◆ 습관화 전략

① 학급별 '자세왕 선발' 챌린지를 운영해 학생들의 동기부여를 높인다.
② 가정·학교·외부기관이 함께 참여하는 게임형 신체 활동 문화를 도입한다.
③ 부모와 함께하는 자기 전 루틴 기록지를 작성해 하루 실천 여부를 점검한다.

④ 부모·교사·학생이 모두 정기적으로 참여할 수 있는 바른 자세 문화 캠페인을 마련하고, 강사 초청 및 시청각 교육을 활성화한다.
⑤ 청소년 친화적인 캐릭터 스티커·인증제를 도입하여 성취감을 높이고, 부모와 교육기관 간의 유기적 연계를 강화한다.

◆ **기대 효과**

바른 자세는 호흡과 혈류를 원활하게 해 집중력과 뇌 활동을 돕고, 화면과 눈의 거리도 바로잡아 시력 보호에 기여한다. 가슴을 펴는 자세는 자연스럽게 자신감과 발성, 발표력까지 끌어올린다. 또한 신경계가 안정되면서 정서 균형과 스트레스 회복력도 좋아지고, 성장기에는 척추와 성장판에 가는 부담을 줄여준다. 결국 바른 자세가 습관이 되면 체형이 바로 잡히고, 신체 기능의 효율은 높아지며 체력과 지구력까지 단단해진다.

2030 세대 – 자산을 쌓고 싶다면 신체 자본이 먼저다

◆ **문제 인식**

2030 세대는 하루 평균 8~10시간 이상을 스마트폰, 노트북, 태블릿 등과 함께 생활하며, 고개를 숙이거나 어깨가 말린 자세가 일상화되어 있다. 실제로 서울대 보건대학원 연구 2022 에 따르면, 20대 직장인의 68%가 거북목 증후군 또는 상지근막통증 증후군 MPS 진단 경계에 있다는 결과가 보고되었다. 이는 집중력 저하로 이어져 삶의 질을 떨어뜨리는 주요 원인이 된다.

지금, 이 순간, 당신은 가장 활발하게 일하고 미래를 꿈꾸는 시기를 살고 있다. 그렇다면 스스로에게 질문해 보자. 당신의 통장에 쌓이는 그 돈이 언젠가 병원비로 빠져나가지 않게 하려면, 지금 어디에 먼저 투자해야 할까? 그 답은 바로 '신체 자본'이다. 건강은 부보다 먼저 쌓아야 할 가장 확실하고 안전한 자산이다.

◆ 바른 자세 루틴 솔루션

① 앉기: 장시간 앉을 경우 30~40분마다 일어나서 허리 펴기. 엉덩이–허리–어깨가 일직선으로 정렬 유지. 복식호흡과 함께 정수리가 하늘에 닿는다는 생각으로 쭉 펴주며 목 주변과 허리 주변 근육을 부드럽게 이완시키기.

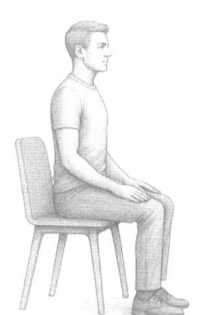

② 일상 동작: 걷기, 서기 시 무게중심을 발뒤꿈치보다 약간 앞에 두고, 턱은 가볍게 당기고, 배에 가볍게 힘주기.

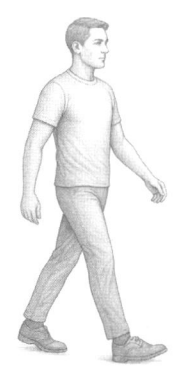

③ 수면 자세: 바로 누워서 무릎 밑에 얇은 쿠션을 넣어 요추 부하 완화. 옆으로 잘 경우엔 어깨 압박 방지용 베개 추가.

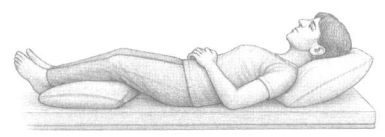

* QR코드를 스캔해 지금 바로 함께 움직여 보세요.

시간대	루틴 구성	목적
기상 직후 (6분)	벽 정렬 자세 3분 + 복식호흡 3분	하루의 중심을 정렬하고 두뇌 활성화
점심 직전 (2분)	손깍지 어깨 펴기 스트레칭 + 시선 정면 워킹 30초	자세 붕괴 예방 및 기분 리셋
스마트폰 사용 후 (1분)	스마트폰 내려두고 벽 기대기 자세 1분	거북목 및 눈 피로 해소

(☞ 각 루틴은 정해진 시간에 맞춰 타이머를 설정하고 실천하면 효과가 더욱 높아진다.)

◆ 디지털 기기 연계

① 스마트폰 잠금화면에 "등 펴고, 시선 정면!" 문구를 설정한다.
② 50분 집중 후에는 3분 정렬 알람 앱(예: IOS용 영문판 Posture Reminder: Stand Up / 국문판 자세알림-허리통증, 안드로이드용 영문판 Posture Reminder 등)을 활용하여 자세를 점검한다.
③ SNS에 실천 인증을 업로드하며 캠페인에 참여한다.
(해시태그 예: #바른자세 #9분루틴 #바른자세습관 등)

◆ 습관화 전략

① 실천 루틴을 '헬스케어 × 자기관리 콘텐츠'로 인식하여 생활 속 습관으로 정착시킨다.
② 출퇴근길에는 팟캐스트 청취와 함께 벽 정렬 루틴을 병행한다.
③ 학교 및 직장에서 정기적으로 외부 자세 습관지도 전문 강사를 초빙하거나 영상을 활용해 바른 자세 문화 캠페인을 진행한다.

④ 줌 회의나 발표 직전에는 '자세 정렬 루틴'을 통해 30초간 바른 자세로 제자리 걷기를 실천하여 자신감을 높인다.
⑤ 커플이나 친구와 함께 서로의 자세를 피드백하며 참여할 수 있는 챌린지 루틴을 운영한다.

◆ 기대 효과

바른 자세 습관은 발표력을 높이고, 데이트에서 좋은 인상을 남기며, 사진 촬영 시 자신감을 주고, 수면의 질을 개선하며, 업무에 몰입하는 집중도를 향상시킨다. 또한 산업재해를 예방하는 데 기여하고, 회사와 학교에서의 효율성과 생산성을 높이며, 집중력을 강화한다. 나아가 체력이 증진되고 신체기능이 향상되며, 진취적이고 긍정적인 도전정신을 고취시켜 자기계발에도 도움이 된다.

4050 세대 – 인생 후반전의 시작, 내 인생 최고의 날은 아직 오지 않았다

◆ 문제 인식

이제부터가 진짜다. 당신의 몸은 더 이상 예전 같지 않다. 척추는 서서히 굽기 시작하고, 골밀도는 눈에 띄게 줄어든다. 근육은 매년 1~2%씩 자연스럽게 감소한다. 마음은 여전한데 몸이 따로 노는 듯한 기분이 든다. 괜스레 나이 탓을 자주 하게 된다. 미디어에서 척추후만증, 골다공증, 근감소증 같은 단어가 낯설지 않게 들려오지만, 정작 내 일이 아니라고 방치하는 순간 삶은 조금씩 무너져 내린다.

국민건강보험공단 2020에 따르면 50세 이상 여성 3명 중 1명이 이미 골다공증 진단을 받은 바 있다. 또한 Cruz-Jentoft 연구팀 2019은 40대 중반 이후부터 균형감각이 급격히 저하되고 낙상 위험이 뚜렷하게 증가한다고 보고했다. 자세 불균형은 단순한 불편함을 넘어 우울감, 외부 활동 기피, 사회적 고립으로 이어질 수 있다는 경고도 나온다.

지금, 이 시점에서 '자세'는 더 이상 단순한 외형의 문제가 아니다. 그것은 곧 당신의 자율성, 존엄성, 그리고 삶의 품격 그 자체다.

우리는 100세 시대를 살고 있다. 앞으로의 50년을 결정짓는 핵심은, 바로 지금 당신이 바르게 앉고 곧게 서는 하루 딱 9분의 실천에 달려 있다. 이제는 바른 자세가 단순한 '건강 루틴'을 넘어, 당신의 미래를 지키는 가장 현명한 투자임을 기억해야 한다. 진짜 인생의 후반전은 바르게 정렬된 몸으로부터 시작된다.

♦ 바른 자세 루틴 솔루션

① 앉기: 의자에 깊게 앉되 등받이 각도를 100~110도로 조절. 허리 쿠션이나 등받이 지지대를 활용. 복식호흡과 함께 정수리가 하늘에 닿는다는 생각으로 쭉 펴주며 목 주변과 허리 주변 근육을 부드럽게 이완시키기.

② 서기/걷기: 보폭을 무리하게 늘리지 말고, 지면을 발바닥 전체로 누르듯 천천히 걷기.

③ 수면 자세: 옆으로 눕되, 무릎 사이에 쿠션을 넣어 고관절 안정. 침대에서 일어날 땐 옆으로 돌아누운 뒤 팔로 지지하며 일어나기.

아주 기본적인 내용 같아 보이지만 바쁜 현대인들은 이 기본조차 지키기 쉽지 않은 경우가 많다. 일상에서 그 무엇보다 필요한 것은 '기본으로 돌아가는 것'이다.

* QR코드를 스캔해 지금 바로 함께 움직여 보세요.

시간대	루틴 구성	목적
기상 직후 (5분)	누워서 골반 리셋 운동 3분 + 벽 정렬 자세 2분	하체의 중심 축 정렬 및 내장 기능 자극
오후 중간 (3분)	브릿지 루틴 + 복식호흡 5회	요통 예방 및 통증 완화, 신체 에너지 활성화
취침 전 (5분)	림프순환 자극 마사지+ 스트레칭	컨디션 관리, 수면 질 향상

(☞ 각 루틴은 정해진 시간에 맞춰 타이머를 설정하고 실천하면 효과가 더욱 높아진다.)

◆ 디지털 기기 연계

① 하루 3회 자세 알림 앱을 설정하여 꾸준히 자세를 점검한다.
② 건강관리 앱에 알람을 등록해 자연스럽게 자세 루틴을 실행한다.
③ 가족 단위 실천 챌린지를 활용하여 함께 참여한다.(예: #중년루틴 #중년일상 #건강스타그램 등)

◆ 습관화 전략

① 직장 내 스트레칭 인증제를 운영하여 직원들의 참여를 독려한다.
② 학교 및 직장에서 정기적으로 외부 강사를 초빙해 바른 자세 문화 캠페인을 실시한다.

③ 지역 커뮤니티·주민센터·문화센터 등에서 진행되는 바른 자세 강좌에 적극 참여한다.
④ 동료·배우자와 함께 정기적으로 실천할 수 있는 '커플 자세 루틴'을 도입한다.
⑤ 명상·걷기 등과 연계된 루틴 콘텐츠를 활용하여 생활 속에서 자연스럽게 실천한다.

◆ 기대 효과

바른 자세 습관은 통증을 완화하고 면역력을 향상시키며 대사 기능을 회복시키는 데 도움을 준다. 또한 스트레스를 줄이고 정서를 안정시켜 에너지 효율을 높이며 회복탄력성을 유지하게 한다. 나아가 신체기능을 증진하고 근력을 유지하며 혈액순환을 촉진해 수면의 질을 향상시키고 신진대사를 개선하는 효과를 얻을 수 있다.

시니어 세대 - 99세까지 몸도 마음도 팔팔한 진짜 청춘이다

◆ 문제 인식

대한민국은 이미 초고령 사회에 접어들었다. 이제 '건강관리'의 기본은 '자세관리'라는 상식이 점점 더 대중화되고 있다.

나이가 들면 척추는 굽고, 근육은 줄며, 뼈는 시리고 약해진다. 척추후만증, 근감소증, 골다공증은 어느 날 갑자기 찾아오는 불청객이 아니다. 그것들은 서서히, 그러나 확실하게 삶 속으로 스며들어 주인

행세를 하며 균형 감각을 빼앗고, 결국 신체의 자유와 독립성 상실로 그 존재를 드러낸다.

세계보건기구 WHO, 2021 는 "65세 이상 인구의 약 30%가 낙상을 경험한다"고 경고한다. 그리고 그 한 번의 낙상은 남은 삶의 방향을 바꿔버리는 전환점이 되곤 한다.

이제 당신은 이 문제에 대한 확실한 해법을 알고 있다. 바른 자세는 당신을 다시 살아 움직이게 만든다. 실제로 실버타운과 같은 고급 노인주거시설에서는 정기적인 운동 루틴과 건강관리 시스템을 통해 어르신들이 바르고 곧게 서며, 더 활기차게 걷고, 더 품위 있게 살아간다.

이제는 물리적인 나이가 문제가 아니다. 자세는 곧 정신과 마음의 태도다. 당신이 지금 곧게 설 수 있다면, 삶은 다시 당신의 편이 된다. '노년'은 약해지는 시간이 아니다. 정신과 몸이 가장 곧게, 그리고 가장 깊게 꽃피우는 마지막 황금기다.

이제 당신의 척추를 바로 세워라. 그리고 100세까지 팔팔하게, 곧게 선 삶을 지켜내라.

"나이 듦은 쇠퇴가 아니다. 그것은 노련하게 정렬된 품격이 완성되는 시간이다."

◆ 바른 자세 루틴 솔루션

* QR코드를 스캔해 지금 바로 함께 움직여 보세요.

시간대	루틴 구성	목적
기상 직후 (5분)	누워서 엄지발가락 부딪치기 운동 3분 + 손 뒤로 깍지 껴서 제자리 걷기 3분	발과 하체 중심축 정렬 및 치매예방, 근신경 촉진, 혈액순환
오후 중간 (3분)	YWL 스트레칭 2분 + 복부 두들기기 1분	요통 예방 및 통증 완화, 신체 에너지 활성화, 오십견 예방
취침 전 (5분)	복식호흡 3분	컨디션 관리, 수면 질 향상

(☞ 각 루틴은 정해진 시간에 맞춰 타이머를 설정하고 실천하면 효과가 더욱 높아진다.)

◆ 디지털 기기 연계

① 가족이나 기관에서 직접 방문하여 스마트폰에 루틴 리마인더를 등록한다.
② 웨어러블 디바이스와 연동된 자세 알림 기능을 활용한다.
③ 복지관·노인회와 연계하여 바른 자세 만들기 문화 캠페인을 진행한다.(예: #낙상예방챌린지)

◆ 습관화 전략

① 가족과 함께 '가족 루틴 캘린더'를 활용해 실천 여부를 체크한다.
② 실버 운동 클래스와 개인 루틴을 병행하여 지속성을 높인다.
③ 노인복지기관과 연계한 정기적 실천 교육을 통해 사회적 참여를 확대한다.

④ 음악에 맞춰 가볍게 신체 활동을 하며 즐겁게 루틴을 유지한다.

♦ 기대 효과

바른 자세 습관은 균형감각을 향상시켜 낙상을 예방하고, 독립적인 생활을 유지할 수 있도록 돕는다. 또한 활력을 증진시키고 대인관계를 개선하며 정서를 안정시키는 효과가 있다. 더 나아가 면역력을 강화하고 근력 약화를 방지하며, 치매 예방에도 긍정적인 영향을 미친다.

직업별 자세 솔루션

♦ 주부/사무직(오랜 앉은 자세)

① 증상: 거북목, 요통, 피로
② 루틴: 1시간마다 목 스트레칭 1분 + 앉은 자세에서 복부 수축 10초 반복
③ 실천 팁: 점심시간 직후 팀 단위 '1분 정렬 스트레칭' 루틴을 도입해 공동 실천율 증가

♦ 교육자/강사/강연자(장시간 서 있음)

① 증상: 발 통증, 골반 기울어짐, 어깨 긴장
② 루틴: 1일 1회 발 마사지, 골반 좌우 균형 체크, 어깨 열기 동작(브루거 운동)
③ 실천 팁: 수업 시작 전 1분간 정렬 자세와 복식호흡으로 집중력 확보

♦ **운전자/택배기사(비좁은 공간 앉은 자세)**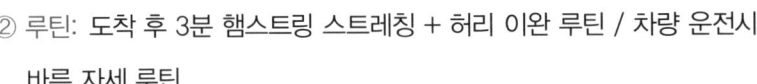

① 증상: 허리 눌림, 햄스트링 경직

② 루틴: 도착 후 3분 햄스트링 스트레칭 + 허리 이완 루틴 / 차량 운전시 바른 자세 루틴

③ 실천 팁: 대기시간 활용 스트레칭 타이머 설정, 차량 내 등받이 조절로 정렬 유지

♦ **CEO 및 리더(격한 업무와 스트레스)**

① 증상: 두통, 목, 어깨, 허리 통증, 복부 비만, 전신근력 약화

② 루틴: 출퇴근 시 계단 2~3층까지 가볍게 걸으며 하체 근력 운동+ 회의 전 코어셋 루틴: 복부 근육 수축과 이완을 위한 배 두드리기 + 시선 고정 30초간 3세트 실시

③ 하루 3회 자세 리마인더 알람 설정: 정렬 상태 수시 점검하고 일어나서 벽 정렬 자세 3분씩 실시

※ 모든 루틴과 체크리스트는 저자 경험과 연구 기반에 따라 구성하였다.

임산부를 위한 바른 자세 실천 루틴

"임산부에게 자세는 곧 생명의 통로를 정돈하는 일이다."

임신 기간의 자세는 단순한 건강 습관이 아니라, 생명을 품은 몸을 지탱하는 핵심 요소다. 이때의 자세는 여성의 혈액순환, 척추, 자율신경계, 골반 구조에 깊이 관여하며, 그 영향은 태아의 성장과 분만 과정, 그리고 산후 회복력으로까지 이어진다.

임산부는 단순히 앉거나 서 있는 상태가 아니라, 24시간 내내 복압과 체중 변화, 골반 확장, 내장 위치 이동 등 고강도의 하중을 견디는 신체 노동자에 가깝다. 자세가 무너지면 요통, 좌골신경통, 골반통, 수면장애, 복부 순환 저하 등이 발생하며, 이러한 불균형은 태아의 자세 이상 둔위, 측위[15], 조산, 산후 회복 지연으로까지 확대될 수 있다. 실제로 세계보건기구 WHO 와 대한산부인과학회에서도 임신 후기의 산모가 앉을 때 척추를 지지하고, 서 있을 때는 골반의 앞기울기를 최소화하며, 장시간 같은 자세를 피할 것을 권고한다.

---

15) 둔위(臀位): 태아가 머리가 아닌 엉덩이나 발이 아래로 향한 상태. 흔히 '역아'라고도 한다.
  측위(側位): 태아가 자궁 안에서 가로로 누워 있는 상태.

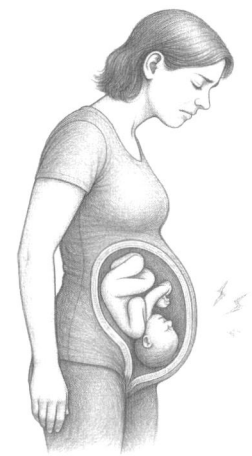

 또한 자세는 복압과 혈류 순환, 림프계 흐름, 호흡 패턴에도 직접적인 영향을 미친다. 잘못된 자세를 오래 유지하면 소화장애, 하체 부종, 불면, 정서 불안이 연쇄적으로 발생해 산모의 건강을 위협한다. 반면 바른 자세는 내장기관을 정렬하고 복식호흡을 안정시키며, 태아에게 더 많은 산소를 공급할 수 있게 된다.

 태아가 처음 만나는 세상은 엄마의 평소 자세로 만들어진 자궁이라는 안전가옥 safe house 이다. 엄마의 몸이 정렬되면 아기의 세계도 평화롭다. 따라서 임신 중의 바른 자세는 단순히 척추를 곧게 펴는 것을 넘어, 새 생명의 탄생을 준비하며 흐름을 조율하는 중대한 일이다.
 특히 출산 이후 산모의 골반은 물리적인 변형이 발생한다. 이때 적절한 산후 체형 관리가 이루어지지 않으면 골반 형태의 변형이 고착되고, 이는 체형 불균형과 다양한 형태의 건강 문제를 야기할 수 있다. 그렇기에 가족의 세심한 관심과 배려 속 주의가 반드시 필요하다.

내가 이 장에서 특히 강조하는 바른 자세는, 태아와 임산부 두 사람 모두의 건강과 감정 균형을 설계하는 건축사와 같다. 이는 생명과 삶의 질을 동시에 지키는 가장 근본적인 기초 작업이다.

임산부 바른 자세 루틴

① 앉기: 무릎보다 엉덩이가 약간 높게, 요추 지지 쿠션 사용. 허리는 굽히지 않고 등받이로 지지. 복식호흡과 함께 정수리가 하늘에 닿는다는 생각으로 쭉 펴주며 목 주변과 허리 주변 근육을 부드럽게 이완시키기.

② 서기: 무게중심은 발 전체에 고르게 분산. 골반을 중립 정렬 상태로 유지, 무릎은 과신전 피하기.

③ 눕기: 왼쪽 옆으로 눕고, 무릎 사이와 배 아래에 쿠션을 받쳐 척추-골반-자궁의 정렬을 유지.

◆ 임산부 바른 자세 걷기 팁

- 코어 활성화: 걸을 때 배를 과도하게 내밀지 말고, 아랫배와 골반저근을 살짝 조이듯이 코어를 단단히 지지해준다.
- 무게중심: 발뒤꿈치부터 발가락까지 발 전체에 고르게 분산.
- 골반 정렬: 골반은 중립 상태를 유지해 좌우로 흔들리지 않도록 한다.
- 무릎: 곧게 펴되 과도하게 젖혀지지 않도록 주의.
- 상체: 가슴을 살짝 열고 정수리를 위로 당기듯 척추를 곧게.

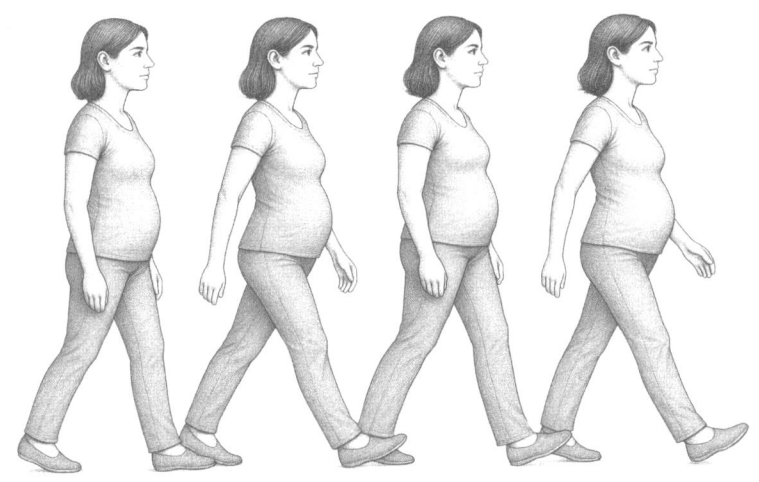

♦ 보행 시 주의점

1. 짧고 안정된 보폭

과도하게 크게 걷지 않고, 복부와 골반이 흔들리지 않을 정도의 보폭 유지.

2. 팔 자연스럽게 흔들기

양팔은 긴장을 풀고 자연스럽게 앞뒤로 흔들며, 보행 시 다리와 교차 리듬을 이루어 균형을 유지.

3. 호흡

복식호흡과 함께 천천히 걷는다.
숨을 참지 않고 일정한 리듬으로 호흡 유지.

4. 효과

골반과 허리에 가해지는 불필요한 압박 완화

혈액순환과 림프순환 촉진으로 부종 예방

올바른 체중 중심 유지로 넘어짐 위험 감소

◆ 임산부의 바른 수면 자세 팁

임신 중에는 편안하면서도 생리학적으로 안전한 수면 자세를 유지하는 것이 중요하다. 특히 임신 중기 이후에는 자궁이 커지면서 하대정맥 IVC, inferior vena cava 을 압박할 수 있기 때문에, 혈류 순환과 호흡이 원활하도록 신체를 지지해주는 자세가 필요하다.

① 왼쪽 측면 자세 (가장 권장되는 자세)

임산부에게 가장 권장되는 수면 자세는 왼쪽 옆으로 눕는 자세 Left Lateral Position 이다. 이 자세는 자궁과 태반으로 가는 혈류를 원활하게 해 산소와 영양 공급을 극대화하며, 하대정맥[16] 압박을 최소화해 부종을 줄이고, 신장 기능과 혈액 순환을 돕는다.

---

16) 하대정맥(IVC, inferior vena cava) : 인체의 하반신에서 심장으로 혈액을 되돌려 보내는 주요 정맥. 임신 후기에는 커진 자궁이 하대정맥을 눌러 혈류 순환을 방해할 수 있으며, 이는 산모 저혈압·어지럼증, 그리고 태아의 산소 공급 저하로 이어질 수 있다.

방법:
- 무릎 사이에 작은 쿠션을 끼워 골반과 척추의 정렬을 유지한다.
- 복부 밑에는 얇은 쿠션을 받쳐 체중을 분산시키고 허리 부담을 줄인다.
- 허리 뒤에도 얇은 베개를 끼워 약 30° 정도 뒤로 기울이면 안정감이 높아진다.
- 팔은 앞쪽에 편안히 두어 어깨 압박을 줄이고, 척추는 곧게 유지한다.

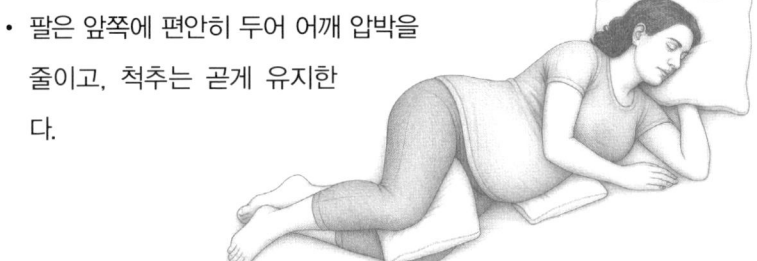

② 오른쪽 측면 자세 (보조 자세)

한쪽 방향으로만 장시간 누워 있으면 어깨나 골반의 비대칭이 생길 수 있다. 이럴 때는 오른쪽으로 옆으로 누워 자는 자세가 보조적으로 도움이 된다.

방법:
- 오른쪽으로 눕더라도 등 뒤에 쿠션을 대어 살짝 뒤로 기울이는 형태 (약 15~30°)가 좋다.
- 완전히 옆으로 눕는 것은 피하고, 후방 사선 방향으로 안정적으로 기대듯 누운다.
- 이 자세는 척추 압박을 완화하면서 자세 균형을 유지하고, 수면 중 자세 전환에도 유리하다.

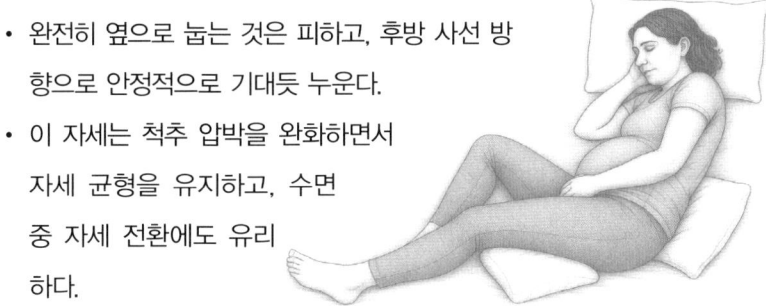

③ 30° 기울인 반쯤 누운 자세 (Semi-Fowler Position)

특히 임신 후기에는 위식도 역류나 호흡 곤란이 자주 발생한다. 이때는 상체를 30~45° 정도 세운 반쯤 누운 자세가 효과적이다.

방법:
- 등 뒤에 삼각형 쿠션이나 수유 쿠션을 받쳐 상체를 살짝 세운다.
- 무릎 아래에도 작은 쿠션을 두어 다리를 완만하게 굽히면 허리 긴장을 줄일 수 있다.
- 이 자세는 하대정맥 압박을 방지하고, 속쓰림·호흡 곤란을 완화한다.

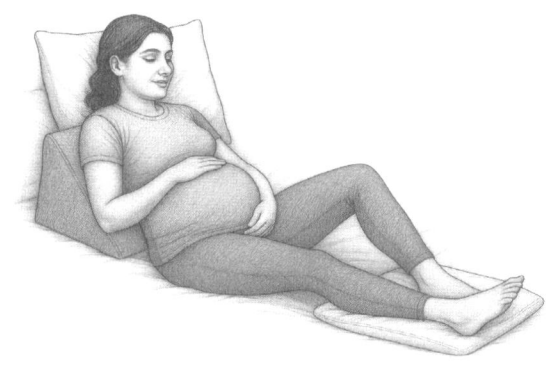

생리학적 근거 요약

◆ 종합 팁

- 왼쪽을 기본으로, 오른쪽 및 반쯤 누운 자세를 주기적으로 전환하는 것이 의학적·생리학적으로 가장 현실적이고 안전한 수면 루틴이다.
- 복부 하중이 불편할 경우 배 밑에 작은 쿠션을 받쳐 체중을 분산시킨다.
- 척추는 과도한 굴곡 없이 곧게, 팔은 몸 앞쪽에 두어 어깨 압박을 줄인다.

■ 산모의 바른 수면 자세 요약

자세	장점	주의사항
왼쪽 옆	혈류 공급, 신장 순환, 부종 감소	장시간 고정 시 어깨·엉덩이 압박
오른쪽 옆	압박 완화, 자세 균형 유지	완전한 측면은 피하고 살짝 뒤로 기울이기
반쯤 누움 (30°)	하대정맥 압박 방지, 역류·호흡 개선	너무 평평하면 의미 없음

스마트폰과 거북목 문제

> 기술은 편리함을 주지만, 몸은 점점 굽는다.
> - 앤드류 후버먼 박사(Huberman, 2022)

현대인은 하루 평균 4~7시간 이상 디지털 기기를 사용한다. 그 결과, 흔히 거북목 증후군이라 불리는 전방 머리 자세 forward head posture, FHP, 일명 거북목 자세가 발생한다. 이 자세는 경추와 그 주변 신경에 과도한 압박을 가하고 어깨 근육의 긴장을 높이며, 나아가 중추신경계 기능과 수면의 질 저하까지 초래할 수 있다.

대한신경외과학회에 따르면, 스마트폰 과사용으로 인한 '거북목 증후군'은 10대~30대 사이에서 5년간 2배 이상 증가했고, 목 디스크 초기 증상으로 병원을 찾는 연령도 빠르게 낮아지고 있다. 또한 건강보험심사평가원 HIRA 의 통계에 따르면, 청소년의 근골격계 질환 진료 건수는 최근 5년간 42%나 증가했다.

유감스럽게도, 이러한 현상은 지구 반대편에서도 동일하게 관찰된다. 미국 물리치료학회 APTA 를 통해 10~20대 청년층에서 전방 머리 자세로 인한 집중력 저하, 두통, 소화 장애 사례가 빠르게 보고되고 있다.

더 우려되는 사실은 거북목 증후군이 단순한 자세 문제를 넘어, 뇌 기능 저하와 인지력 감퇴, 나아가 치매 발병과도 연관될 수 있다는 점이다. 일본 도호쿠 대학 연구팀은 2021년 발표한 논문에서, 노인의 머리 자세가 앞으로 기울수록 해마기억을 담당하는 뇌 영역의 위축 속도가 빨라지고, 거북목이나 일자목 등으로 인해 정상적인 C자 곡선이 줄어드는 '경추 전만 감소'는 인지 기능 저하와 뚜렷한 관련성이 있다고 보고되었다.

게다가 이 문제는 노년층만의 전유물이 아니다. 최근 미국 존스 홉킨스대 신경학 연구에 따르면, 10~20대에서 나타나는 반복적인 거북목 FHD 자세 습관은 전두엽 혈류를 감소시키고 뇌 활성도를 떨어뜨리며, 우울·불안·주의력 결핍 ADHD 증상을 악화시킬 수 있는 것으로 확인되었다. 즉, 자세 문제는 오히려 젊은 세대에서 더 빠르게 확산되고 있으며, 이러한 흐름은 각국의 보건·의료 관계자들이 더욱 경각심을 갖고 예방과 조기 관리에 힘써야 함을 시사한다.

앞서 살펴본 거북목 자세는 척추의 균형까지 무너뜨린다. 척추 정렬이 흐트러지면 근육과 관절에 지속적인 부담이 가해져 목·어깨·허리·골반 등 전신에 통증을 유발하며 삶의 질을 떨어뜨린다.

미국 척추신경 연구소 보고에 따르면, 목이 15도 앞으로 기울어질 때 경추가 받는 하중은 약 12kg, 30도에서는 약 18kg, 60도에서는 최대 27kg까지 증가한다. 이로 인해 경추 주변 근육과 인대가 만성적으로 긴장하며, 신경 압박·혈류 장애가 발생해 두통, 턱관절 통증, 손저림, 소화불량까지 연쇄적으로 나타난다.

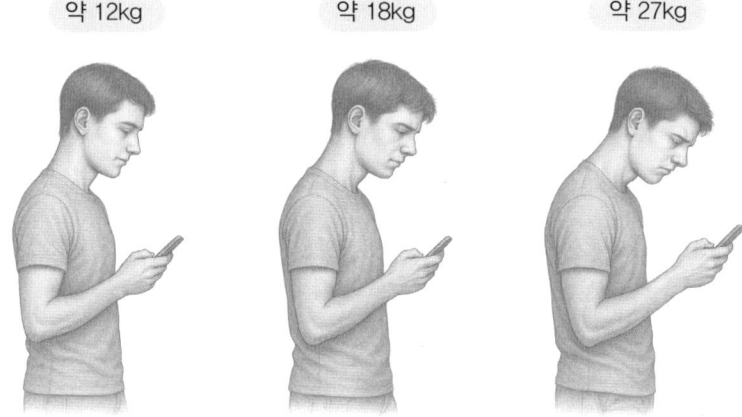

　잘못된 자세는 근막의 유연성을 저하시켜 통증 신호가 더 쉽게 만성화된다. 그러나 자세를 바로 세우면 뇌 가소성이 다시 활성화되며, 몸은 치유와 회복의 길로 자연스레 들어선다.

　캐나다 워털루 대학교 University of Waterloo 명예교수이자 척추와 코어 연구의 세계적 권위자인 스튜어트 맥길 Stuart McGill 박사는, 바른 자세와 코어 근육의 힘이 허리 건강을 지키는 핵심이라고 강조한다. 실제로 여러 임상 연구에서도, 단 몇 주 동안 꾸준히 코어 중심의 자세 정렬 훈련을 이어간 사람들은 만성적인 허리 통증이 눈에 띄게 줄고, 일상생활에서의 불편도 크게 개선되는 것으로 보고됐다.

　여러 무작위 대조시험 RCT 연구에 의하면, 6~8주간의 코어 안정화 프로그램은 만성 요통 환자의 통증과 기능장애를 유의미하게 개선했다. 이 중 한 연구에서는 일반 물리치료보다 더 큰 통증 감소 효과가 관찰되었는데, VAS 수치가 평균 3.08 감소해 1.71 감소에 그친 일반

치료보다 두드러지는 결과를 보였다. 또한 다른 연구들에서도 비슷하거나 더 큰 효과가 보고되었으며, 최근의 체계적 문헌고찰 역시, 코어 안정화 프로그램이 통증 감소와 삶의 질 개선에 유의미하고 긍정적인 영향을 미친다는 결론을 제시하고 있다.

결국 통증 없는 몸은 단순히 운동 능력의 문제가 아니라, 일상에서 자유롭게 움직일 수 있는 '생존력'이자 '수명 자산'이다. 바른 자세와 올바른 움직임을 기반으로 한 코어 강화 운동은, 이 통증의 고리를 끊는 가장 근본적이고 지속 가능한 해법이다.

▎자세가 자율신경계와 정신건강에 미치는 영향

사람의 척추는 S자 커브를 적절히 유지해야 안정적이며 건강하다. 이는 중력으로부터 신체의 하중을 분산할 뿐만 아니라 충격을 흡수하고 균형과 움직임을 돕는 안정적 구조로 설계되었다. 그러나 이 형태를 유지하기 위해서는 먼저 이 구조가 왜 중요한지 이해해야 한다.

인체에서 가장 중요한 것들은 겉으로 잘 드러나지 않는다. 뇌와 주요 장기처럼, 인간다움을 유지하게 하는 핵심 기관들은 모두 보호막 속에 감춰져 있다. 보이지 않는 이유는 생명을 지키기 위함이며, 이 기관들이 인간의 생명활동 전부를 담당하기 때문이다.

그중에서도 우리는 자세에 직접적인 영향을 받는 '뇌와 척수신경'에 주목해야 한다. 두개골은 인체에서 가장 단단한 방패로, 뇌라는 사령탑을 완벽하게 보호한다. 반면 척추뼈는 신체를 관통하는 생명의 통로, 척수신경을 지키는 경호원이다. 이 두 구조물은 인간이 외부 충격

속에서도 생존하고 움직일 수 있게 만든 창조주의 걸작이다.

좌우 31쌍으로 형성된 척수신경 spinal nerve 은 뇌와 몸 전체를 연결하는 신경 시스템의 핵심 통로로, 우리 몸의 감각·운동·자율신경 기능을 조절하는 중추적 역할을 담당한다.

이중 자율신경계는 우리가 의식적으로 조절하지 않아도 심장 박동, 호흡, 소화, 체온 조절 등 생명 유지에 필요한 몸의 기능을 자동으로 관리하는 신경계다. 쉽게 말해, 우리 몸은 평소 의지와는 무관하게 작동하는, 마치 '자율주행 시스템'과 같다. 이 자율신경계는 두 가지 주요 축으로 나뉜다. 하나는 몸을 각성시키고 에너지를 동원하는 교감신경[17], 다른 하나는 긴장을 풀고 회복과 휴식을 담당하는 부교감신경[18]이다. 이 두 신경이 적절히 균형을 이루는 것이 바로 '건강의 핵심'이다.

이와 관련한 최근 연구들은 장시간 앉은 자세와 고개 숙임이 뇌 기능과 자율신경계의 균형에 부정적 영향, 수면장애와 불안감 증가와의 연관성에 주목하고 있다.

『Journal of Physical Therapy Science』에 발표된 연구 또한 스마트폰 사용으로 인한 전방 머리 자세 거북목 증후군 가 집중력 저하와 감정 장애를 유발한다고 보고했다.

즉, 자세는 신경계와 정신건강 전반에도 영향을 미치는 중요한 요인임을 시사한다.

---

17) 스트레스 상황에서 활성화되는 신경계로, 심박수·혈압을 높이고 에너지를 동원하여 '투쟁 혹은 도피(fight-or-flight)' 반응을 유도한다.
18) 휴식과 회복을 담당하는 신경계로, 심박수를 낮추고 소화와 회복 작용을 촉진하여 '휴식과 소화(rest-and-digest)' 반응을 유도한다.

천천히 성숙되는 삶은 선택할 수 있다

천천히 사는 법을 배우는 것이 진짜 장수의 기술이다.
― 다니엘 레비틴(Levitin, 2020)

 전 세계적으로 잘 알려진 일본 오키나와 오오기미 마을의 장수인들은 단순히 오래 사는 것이 아니라, '왜 살아가는지'를 명확히 알고 있다. 그들의 삶을 지탱하는 철학이 바로 이키가이 Ikigai 다. '이키 生き'는 삶, '가이 甲斐'는 가치라는 뜻으로, 합쳐서 '삶의 가치', '존재 이유', 혹은 '삶을 살아가는 동기'로 해석된다.
 도서 『나이 들어가는 내가 좋습니다』에 따르면, 오키나와 장수마을의 주민들은 단순한 식사, 느린 호흡, 적절한 움직임 속에서 '늙지 않는 삶'을 실천한다. 그들이 강조하는 메시지는 명확하다. "빠르게 살면 빨리 늙는다." 느리지만 꾸준히 지속할 수 있는 습관이야말로 장수의 비결이다.
 이러한 관점에서 저속노화란 단순히 나이 드는 속도를 늦추는 것이 아니라, 자신의 고유한 라이프스타일과 삶의 질을 유지한 채 천천히 성숙해 가는 과정이다. 반면 현대인의 삶은 늘 '빨리, 더 빨리'를 외치며 전투모드로 달린다. 그러나 정작 자신이 왜 달리는지, 어디를 향해 가는지 모르는 경우가 많다. 마치 고속도로에 차를 올려놓고 목적지도 모른 채 무작정 속도만 높이는 것과 같다.

지금이야말로 삶의 방향, 더 나아가 성공의 방향을 다시 설정해야 할 때다. 건강을 우선하고, 오래도록 지속 가능한 성공을 추구하는 관점이 삶의 기본 철학으로 자리 잡는다면, 바른 자세는 당신의 노화시계를 늦추는 강력한 '저속노화 실천법'이 될 수 있다. 자세가 바뀌면 태도가 변하고, 태도가 변하면 하루하루의 풍경이 달라진다.

이처럼 이키가이는 라이프 포스의 핵심 개념과 결이 맞닿아 있다.

"이키가이는 머리로 찾는 것이 아니라, 몸의 자세를 바로 세우며 깨어나는 것이다."

바르게 고친 자세는 그 자체로 '내가 나답게 존재하기 위한 인생의 처음이자 마지막 교훈'이 된다.

▍자세를 축으로 한 라이프 설계

바른 자세 하나만으로도 우리는 몸과 마음, 그리고 삶의 여러 영역을 동시에 변화시킬 수 있다.

① 호흡: 깊은 호흡은 폐활량을 높이고, 면역과 스트레스를 조절한다.
② 움직임: 균형 잡힌 자세는 관절의 부담을 줄이고 활동성을 높인다.
③ 뇌 기능: 자세가 좋아지면 산소 공급이 원활해져 집중력과 기억력도 향상된다.
④ 감정: 바른 자세는 자존감과 기분에 긍정적 영향을 준다.

도서 『스파크 Spark』에서 존 레이티 박사는 "움직임은 뇌의 기적을 일으킨다."고 말한다. "바른 자세는 움직임의 시작이자 삶의 기본기다."

짧지만 강력한 4단계 자세 정렬 루틴 실천 전략

1. 아침 루틴: 하루를 깨우는 자세 브리핑(5분)
   기상 직후 벽선 정렬 + 복식호흡
2. 식사 루틴: 식전 자세 정렬 & 천천히 먹기
   척추 바르게 세우고 앉기 + 음식물 20회 저작 후 삼키기
3. 업무 루틴: 1시간마다 자세 알람 + 1분 스트레칭
   가슴 펴고 어깨 열기 or 목 견인 루틴
4. 취침 루틴: 자세명상 + 림프 순환 이완(10분)
   다리 올리고 호흡 조절, 하루를 감사하는 마음으로 정리하기

행동 기반 자세 정렬 루틴 시스템

세계적인 베스트셀러 저자이자 습관 전문가 제임스 클리어는 자신의 저서 『아주 작은 습관의 힘 Atomic Habits』을 통해 "작은 습관이 인생을 바꾼다"고 말하며 매일 1%의 성장을 멈추지 않는다면 연 37배의 복리 성장을 이룰 수 있다고 강조한다. 이는 내게 큰 울림을 주었으며, 지금도 여전히 삶 속에서 적용하는 목표로 기능하고 있다.

앞서 전한 실천 루틴을 바탕으로, 누구나 쉽게 따라 할 수 있는 '1% 자세 정렬 루틴'을 정리했다. 즉시 실행 가능한 단순한 시스템이며, 이미 당신의 하루 속에 습관으로 자리 잡았다면 이제는 더 큰 도전을

준비해야 할 때다. 망설이지 말고, 도전하라.

- 벽에 붙기 1분(기상 직후)
- 어깨 열기 10회(커피 전)
- 복식호흡 3회(엘리베이터 앞)
- 의자에서 일어나기 5회(퇴근 후)
- 자세 명상 호흡(취침 전)

* QR코드를 스캔해 지금 바로 움직여 보세요

시작은 작게, 반복은 쉽게, 보상은 즉시. '나는 바른 자세로 살아가는 사람이다', '내 삶에서 바른 자세가 기본값 디폴트 이다'라고 정체성을 선언하라.

'자세를 입는다'는 새로운 개념
: 생활 속 자세 습관화 기술

최근에는 단순히 '자세를 교정한다'는 개념을 넘어, '바른 자세를 입는다'는 새로운 접근 방식이 주목받고 있다.

그 대표적인 사례가 한국의 자세 건강관리 전문 브랜드 '슬리밍고 Slimming Go 에서 개발한 착용형 자세 보조도구 '입는 바른 자세'다. 이 제품은 '기술을 입는다'라는 컨셉으로 미국 FDA 의료기기 1급 FDA Medical Device Class1 으로 등록되었으며 어깨 및 상체, 흉추, 척추, 골반, 다리 등 신체의 주요 부위를 구분해 일상복처럼 착용만 해도 바른 자세 정렬을 유도하도록 설계되었다. 5가지 이상의 신체 교정 특허 기술이 적용되어, 무의식적으로 흐트러지는 자세를 즉각적으로 피드백하며 착용자 스스로 올바른 자세 습관을 형성하도록 돕는다. 이러한 특성 덕분에 '바른 자세를 몸에 입히는' 혁신적 방식으로 국내는 물론 해외 여러 국가에서 사용자들의 자세 건강에 실질적인 도움을 주며 꾸준한 성장세를 이어가고 있다.

이와 같이 자세 교정 목적의 웨어러블 디바이스 wearable device 는 글로벌 시장에서도 활발히 연구·개발되고 있다.

예를 들어, 이스라엘 Upright Technologies가 선보인 'Upright GO'는 등 부위에 부착하는 센서 기반 장치로, 사용자가 등을 굽히면 진동으로 경고를 주고, 전용 앱을 통해 실시간 자세 분석이 가능하다. 실제 사용자 리뷰에 따르면 "앉아 있는 시간이 많은 사무직 근로자에게 특히 유용하다"는 평가가 많으며, Amazon에서 4.2/5의 높은 평점을 기록하고 있다.

또한 미국의 IFG fit은 어깨 라인을 자연스럽게 뒤로 유도하고 호흡을 개선하는 기능을 갖춘 자세 교정 스포츠 브라를 개발했다. 이 제품은 장시간 착용에도 편안함을 유지하며 무의식적인 자세 교정이 가능하다는 점에서 호평을 받고 있다. 실제로『Glamour』매거진의 사용 후기에 따르면, 사용자는 "오랜 시간 착용해도 불편함이 없고, 몸이 스스로 바른 자세를 유지하도록 유도된다"고 평가했다.

운동 중에도 실시간 피드백을 제공하는 BackAware Belt는 피트니스 전문가들 사이에서 주목받고 있다. 이 제품은『TIME』지가 선정한 '2024년 주목할 만한 헬스테크 제품' 중 하나로, 척추 움직임 데이터를 실시간으로 제공하여 운동 자세 오류를 줄이고 안전한 트레이닝을 돕는다.

이들 중 실제 적용 사례를 보면, 슬리밍고의 착용형 자세 교정 제품은 국내사용자 중심 조사에서 3주간 착용 후 집중력 향상, 피로 회복, 외형적 체형 개선 등의 긍정적인 변화가 보고되었다.

무엇보다 연구 결과가 그 효과를 분명히 보여준다. 동남보건대학교 물리치료학과 김용연 교수 외 연구진과 진행한 연구에서 척추측만증 환자를 대상으로 국제 표준 치료법인 슈로스 Shroth 운동과 슬리밍고의 입는 바른자세를 비교한 임상 시험을 진행했다. 8주간의 중재 결과, 두 그룹 모두 척추 만곡 각도 Cobb's angle 와 통증이 개선되었으나, 특히 입는 바른자세 착용군 실제 연구 논문에서는 교정용 기능성 속옷군이라 칭함. 에서 Cobb's angle 감소 폭이 더 크게 나타나 유의미한 개선 효과가 확인되었다. 이러한 성과는 착용형 자세 교정 루틴이 단순한 생활 보조를 넘어, 의학적·재활적 효과를 지닌다는 것을 뒷받침한다.

Upright GO 사용자들 또한 "출근부터 퇴근까지 하루 동안 자세를 의식하는 데 큰 도움이 된다"는 피드백을 남겼다.

이러한 사례들은 단순히 '바르게 앉으라'는 지시보다, 몸이 직접 느끼고 스스로 반응하게 만드는 방식이 훨씬 효과적임을 시사한다. 또한 이런 기기들은 단독 사용보다 일상 루틴과 병행할 때 효과가 극대화된다. 결국 핵심은 '뇌와 몸이 먼저 인식하고 반응하는 습관'을 만드는 것이며, 장기적으로는 기기나 도구의 도움 없이도 바른 자세를 스스로 유지하는 기억 패턴을 형성하는 데 있다.

바른 자세는 단순히 '앉고 서고 움직이는 건강법'이 아니다. 그것은 하루를 살아가는 삶의 방식이자, 매일 아침 옷을 입듯 몸에 걸치는 습관이다.

인류의 무병장수와 저속노화의 꿈은 이제 더 이상 구호나 바람에 그치지 않고, 바른 자세 만들기라는 목표가 만들어낸 기술의 도움으로 점차 현실이 되고 있다.

THE LIFE POSE

PART 2

• 성과 •

탁월한 리더십의 비밀은 자세다

CHAPTER 3

최고의 성과를 원한다면 자세부터 바꿔라

자세는 말보다 빠르다

몸은 당신의 무의식을 말해준다.
— 지그문트 프로이트(Freud, S., 1923)

살아가다 보면 우리의 뇌는 스스로 인식하기도 전에 이미 결정을 준비한다. 특히 누군가를 처음 마주할 때, 우리는 말보다 먼저 자세로 그 사람을 판단한다. 그것을 의식하든 아니든, 우리의 뇌는 상대의 자세에서 본능적인 느낌을 감지한다. 고개를 바르게 들고 어깨를 편 채 정면을 바라보는 모습만으로도 단단한 자신감과 안정감이 전해지기 때문이다.

이것은 단순한 착각이나 확증편향의 오류가 아니다. 자세는 한 사람이 삶을 대하는 태도와 감정, 그리고 내면의 방향을 드러내는 강력한 신호체계 signaling system 다. 때로는 그 어떤 메시지보다 더 깊게, 상대의 기억 속에 존재감을 각인시킬 수 있다.

자연에서도 이 원리를 확인할 수 있다. 아프리카의 사자는 싸움을 준비할 때 몸을 곧게 세운다. 바른 자세일수록 상대에게 지배적인 개체로 인식되기 때문이다. 무리 내 서열을 가를 때도 고개를 높이 들고 가슴을 활짝 편 모습은 힘과 권위를 상징한다.

우리의 일상도 크게 다르지 않다. 가슴을 열고 어깨와 등을 펴며 호흡을 고르는 순간, 몸은 긴장을 다스리고 마음은 중심을 되찾는다. 이처럼 자세는 당신의 에너지를 더 강력하게 표현하는 신체 언어다.

자세는 신뢰와도 밀접한 관련이 있다. 하버드대학교 심리학과의 연구에 따르면, 면접관은 피면접자를 마주한 첫 7초 동안의 자세와 눈맞춤을 통해 신뢰 여부를 무의식적으로 판단한다고 한다.

앞서 언급했던 나의 '아주 특별한 직업병'을 기억하는가? 누군가를 처음 볼 때, 외모나 스타일보다 먼저 자세를 관찰하는 습관을 갖고 있다. 이는 단순한 관찰이 아니라, 인간이 타인에 대해 본능적으로 신뢰 여부를 판단하는 본질적 과정인 것이다.

몇 해 전 유럽 여행 중, 밀라노에서의 잊지 못할 기억이 있다. 밀라노는 세계 3대 패션쇼가 열리는 이탈리아의 도시로, 문화와 예술의 중심지이자 패션의 메트로폴리탄 Metropolitan 이라 불린다. 특히 이곳은 옷 잘 입는 남성들로 가득하다. 어느 날 나는 젤라토 가게에서 다비드 조각상을 연상케 하는 젊고 잘생긴 남성과 마주쳤다. 미켈란젤로가 만약 오늘날 이곳에 있었다면, 아마도 이런 남성을 모델 삼아 다비드상을 조각했을지도 모른다는 생각이 들 만큼 외모와 체격이 완벽해 보였다.

나는 그의 뛰어난 패션 감각과 조각 같은 얼굴, 탄탄한 몸매에 감탄하며 엄지척을 보냈고, 그는 환한 미소와 함께 "그라찌에 밀레 정말 감사합니다 라며 화답했다. 그러나 잠시 후 아이스크림을 받아 가게를 나서는 그의 뒷모습을 본 순간, 큰 충격에 휩싸였다.

패션에 조예가 깊은 이탈리아 남성들이 가장 선호하는 바지 핏은 허벅지에서 밑단으로 갈수록 자연스럽게 좁아지는 테이퍼드 스타일 tapered style 이다. 그의 바지 역시 다리 길이에 꼭 맞게 완벽하게 떨어졌지만, 정작 그 다리를 따라 내려간 시선은 예상 밖이었다. 다리가 O자로 휘어져 있었고, 걸음걸이는 마치 고령의 노인처럼 불안정하고 엉성해 보였다. 완벽했던 앞모습은 온데간데없고, 돌아선 그의 뒷모습만이 데이비드 베컴[19]의 목소리를 처음 들었을 때처럼 강렬하게 각인됐다. 그 순간, 화려한 패션 감각과 흠잡을 데 없던 외모는 모두 흐릿해지고, 오직 그 뒷모습만이 선명하게 남았다.

▍자세가 곧 첫인상이다

당신이 경험한 첫 소개팅, 첫 면접, 첫 등교하던 그날을 기억하는가? 그때 느꼈던 설렘과 긴장은 아직 마음속에 남아 있을 것이다. 그러나 첫 소개팅이 언제였는지, 첫 면접 날짜가 정확히 며칠이었는지는 잘 기억나지 않는 경우가 많다. 반면, 그때 마주했던 이성의 얼굴, 면접관의 눈빛, 담임선생님의 표정은 지금도 생생하게 떠오르지 않는가? 우리는 누군가를 처음 만나는 순간, 날짜나 숫자보다 얼굴과 분위기를 먼저

---

19) 데이비드 베컴(David Beckham, 1975~)은 영국의 전설적인 축구선수이자 세계적인 패션 아이콘으로, '카리스마 넘치는 조각 같은 외모와 달리 다소 평범하고 높은 톤의 목소리'라는 점이 대중 문화에서 자주 언급되었다.

기억한다. 이것이 바로 '첫인상'이다.

예나 지금이나 사람의 외모는 타인과 구분 짓는 중요한 경쟁력, 곧 '신체 자본'으로 작용한다. 미국 할리우드 배우 티모시 샬라메 Timothée Chalamet 를 떠올려 보라. 그의 첫인상은 잊기 힘들다. 물론 입을 열지 않았다는 전제를 깔고 말이다.

샬라메는 2017년 영화 〈콜 미 바이 유어 네임 Call Me by Your Name 〉으로 세계적인 주목을 받았다. 섬세한 감정 표현과 독창적인 캐릭터 해석으로 그는 동시대 할리우드에서 가장 빛나는 청춘 배우로 자리매김했다. 이후 〈듄 Dune 〉 시리즈, 〈웡카 Wonka 〉, 〈작은 아씨들 Little Women 〉 등 다양한 작품에서 폭넓은 연기 스펙트럼을 선보였으며, 패션 아이콘으로서의 존재감까지 더해 자신만의 독보적인 이미지를 구축했다.

그의 모습은 '자세'가 단순한 신체적 형태를 넘어, 자기 정체성과 인생의 방향을 규정하는 힘이 될 수 있음을 보여준다.

수많은 사람이 성형을 고민하고, 다이어트에 몰두하며, 패션 감각을 높이기 위해 고군분투하는 이유도 여기에 있다. 그것이 곧 현대사회에서 가장 강력한 생존 무기임을 본능적으로 알고 있기 때문이다. 특히 외모 중 자세는 외적인 요소를 넘어, 군중 속에서도 자신만의 존재감을 드러내는 정체성이자 경쟁력이 된다.

자본주의 시대에 돈만 있으면 얼굴이나 피부는 의학 기술의 발전으로 상당 부분 바꿀 수 있게 되었다. 그러나 아무리 큰 비용을 들이더라도 자세와 체형은 단숨에 바꿀 수 없다. 물론 지방흡입수술이나 보형물을 삽입하여 어느 정도 체형을 바꿀 수는 있다. 자세는 한순간 고쳐 잡을 수는 있어도, 그것을 지속적으로 유지하기란 거의 불가능하다. 즉, 근본적인 변화는 바로 나타나지 않는다.

실제로 대중문화 속에서도 바른 자세의 중요성이 강조된다. 유튜브 YouTube 토크 프로그램 덱스의 냉터뷰 EP.29에 출연한 글로벌 K-팝 아이돌 그룹 아이브 IVE 의 장원영은 진행자 덱스가 "어떻게 그렇게 자세가 예쁘게 유지되느냐"라고 묻자, 이렇게 답했다.

"저는 바른 자세가 편안한 상태예요. 누구에게나 디폴트 자세가 있는데, 저에게는 바른 자세가 디폴트 default, 기본값 예요. 일부러 의식해서 유지하는 게 아니라, 그냥 저에게는 자연스럽게 편한 자세가 곧 바른 자세예요."

이 짧은 대화는 바른 자세가 단순히 훈련된 외형이 아니라, 몸과 마음이 가장 자연스럽고 안정된 상태로 자리 잡을 때 비로소 '기본값 default habit '이 될 수 있음을 보여준다. 장원영의 발언은 세계적으로 영향력이 큰 K-팝 아이돌 스타조차 바른 자세를 꾸며낸 포즈가 아닌 일상의 기본 태도로 삼고 있음을 잘 보여주는 상징적 사례다.

결국 자세란 필요시 잠깐 바꿀 수 있는 단순한 포즈 pose 가 아니라, 오랜 생활습관이 체형으로 굳어진 결과 그 자체이기 때문이다. 평소 바른 자세로 생활한다면, 그 습관이 몸의 선과 균형을 형성하여 자연스레 겉으로 드러난다. 그래서 첫인상에서도 바른 자세를 가진 사람은 그렇지 못한 사람보다 훨씬 매력적이고 자신감 있는 인상을 남긴다.

비록 우리가 얼굴천재 '장원영'이나 '차은우'가 아닐지라도, 바른 자세 하나만으로도 충분히 특별하고, 매력적인 사람으로 기억될 수 있다.

2019년 국제학술지 『European Journal of Social Psychology』는 면접 평가 실험에서 바른 자세를 유지한 피면접자가 더 높은 신뢰도와 자기효능감 점수를 얻었다고 발표했다. 결국 자세는 단순히 외모를 넘어 삶의 방향과 진로까지 영향을 줄 수 있는 것이다.

우리가 몸을 쓰는 방식에 따라 세상이 우리를 바라보는 방식이 결정된다. BTS나 블랙핑크와 같은 최정상 아이돌의 춤과 노래라는 몸짓에 세상이 열광하듯이 우리 또한 매일 수백 번, 몸짓과 자세라는 신호를 세상에 보내고 있으며, 그 신호는 수백 마디 말보다 훨씬 더 큰 영향력을 가진다.

20세기 성공철학의 대가 나폴레온 힐 Napoleon Hill 은 그의 저서 『Think and Grow Rich』에서 이렇게 말했다.

"매력적인 사람들은 그들의 자세에서부터 남다르다. 그들의 움직임, 몸짓, 존재감은 단순히 신체적인 것이 아니라 자기 확신과 내적 균형을 반영한다."

자세가 당신을 말한다. 그것은 세상에 내미는 당신의 '첫 번째 이력서'다.

가장 강력한 리더십은 자세 성형이다

앞서 살펴보았듯이, 잘못된 자세는 단순히 외모나 체형의 문제에 그치지 않는다. 척추에 무리를 주고 신경을 압박하며, 호흡을 얕게 만들고, 나아가 자존감까지 낮추는 정서적 문제로 이어진다. 반대로 바른 자세는 폐활량을 높여주고, 자신감을 북돋우며, 세포의 활력과 회복을 촉진한다고 강조했다. 자세 하나가 건강과 관계, 감정 전반에 영향을 미치는 것이다. 이는 단순한 생활 습관을 넘어, 삶을 이끄는 리더십의 기초라 할 수 있다.

결국 자세가 바른 사람은 일상에서 신체적·정신적으로 건강할 뿐 아니라, 자신감 넘치는 존재로서 무엇이든 해낼 수 있다는 무언의 메시지를 전한다. 이런 태도는 업무와 인간관계, 더 나아가 삶의 모든 영역에서 자기경영능력 self-management ability 과 자기효능감 self-efficacy 을 높여준다. 따라서 자세는 인생을 주도하며 성공을 이끌어내는 추진력이라 할 수 있다.

외모를 바꾸는 가장 드라마틱한 방법이 성형과 다이어트라는 데에는 이견이 없다. 성형과 다이어트만으로도 인생이 바뀔 수 있다는 믿음은 관상학적 관점과 외모 지상주의가 뒤섞여 만들어낸 시대정신이다. 이 현상은 비단 우리나라만의 이야기가 아니다. 전 세계적으로 SNS 속에서는 멋진 외모와 몸매를 가진 이들이 롤모델로 추앙받고 있다. 누구나 멋지고 매력적인 체형을 갈망한다. 그 욕망이 뷰티·웰니스 beauty wellness 산업과 성형·의료 산업을 떠받치는 원동력임은 분명하다.

그러나 성형과 다이어트만으로 결코 바꿀 수 없는 두 가지가 있다. 바로 '뒤태'와 '자세'다. 얼굴의 정면과 측면의 입체감은 성형으로 가꿀 수 있고, 체중은 다이어트로 줄일 수 있다. 하지만 스스로는 쉽게 볼 수 없는 뒷모습과, 걷고 서고 앉는 순간마다 드러나는 자세는 돈으로 살 수 없는 자산이다.

그래서 나는 이렇게 말할 수 있다.

"얼굴 성형과 다이어트보다 더 중요한 성형이 있다. 바로 자세 성형 postural sculpting 이다."

이는 단 한 푼의 비용도 들지 않는다. 대신 매일의 꾸준함, 의지와 결단이라는 투자를 요구한다. 돈으로 살 수 없는 가장 근본적이고 값진 성형, 그것이 바로 자세다.

| 당신의 자세가 곧 당신의 태도다

채용 면접장에서 우리는 지원자의 말뿐 아니라 몸이 전하는 신호에도 주목한다. 똑바른 자세, 안정된 시선, 단정한 태도는 이력서에 없는 전문성과 신뢰감을 드러내지만, 구부정한 어깨나 산만한 시선은 아무리 화려한 이력을 가진 사람이라도 평가를 떨어뜨릴 수 있다. 이는 한국뿐 아니라 전 세계 대부분의 채용 현장에서 공통적으로 적용되는 첫인상의 심리학 The Psychology of First Impressions 이다. 자세와 태도가 불량한 사람은 입사 이후에도 조직 내 관계와 업무 수행에서 어려움을 겪을 가능성이 높다는 점에서 더욱 중요하다.

세계적인 베스트셀러 자기계발서들이 공통으로 전하는 메시지는 "작은 습관이 인생을 바꾼다"는 것이다. 놀랍게도 이 지혜는 이미 오래전 동양 고전『중용』제23장에 기록되어 있다.

- 작은 일도 무시하지 않고 최선을 다해야 한다.
- 작은 일에도 최선을 다하면 정성스럽게 된다.
- 정성스럽게 되면 겉에 배어 나오고,
- 겉에 배어 나오면 겉으로 드러나고,
- 겉으로 드러나면 이내 밝아지고,
- 밝아지면 남을 감동시키고,
- 남을 감동시키면 이내 변하게 되고,
- 변하면 생육된다.
- 그러니 오직 세상에서 지극히 정성을 다하는 사람만이
- 나와 세상을 변하게 할 수 있는 것이다.

이처럼 작은 일을 충실히 하면 세상을 변화시킬 수 있을 정도의 자신감과 실력이 축적된다는 것이다.

사람이 마땅히 가져야 할 작은 습관들 중 특히 바른 자세는 의식을

가지고 매일 조금씩 훈련해 나가야 한다. 그렇게 정성껏 의식하며 취하는 자세는 어느 순간 내 삶을 단단하게 에워싸는 습관이 되며 삶의 실력이 된다. 결국 정성스럽게 쌓아 올린 자세는 태도로 드러나고, 태도는 곧 삶의 품격을 결정짓는다.

2012년 미국 『Time』지는 '자기관리의 전환점' 중 하나로 자세 교정 습관 Posture Correction Habit 을 선정했다. 이는 바른 자세가 단순히 미용이나 체형 교정을 넘어 삶 전반의 질을 좌우하는 핵심 습관임을 보여준다.

NBA 미국프로농구리그 스타 플레이어, 스테판 커리 Stephen Curry 는 경기 외 시간의 상당 부분을 코어 강화와 밸런스 운동에 투자하며, 요가와 벽 정렬 루틴을 꾸준히 실천한다. 이러한 자세 교정 훈련은 신체의 정렬과 안정화를 돕고, 실제로 부상 위험을 줄이며 경기 집중력을 끌어올린 성공 사례로 인용된다.

교육 현장에서도 효과가 입증되었다. 미국 뉴욕 Leman Manhattan Preparatory School은 수업 시작 전 매일 3분간 자세 리셋 시간 posture reset time 을 운영한 결과 6개월 후 학생들의 집중력·감정 조절·몰입도에서 뚜렷한 개선이 나타났으며, 교사와 학생 모두 긍정적인 변화를 보고했다.

한국의 직장인 커뮤니티 블라인드 Blind 에서도 '허리 펴는 습관만으로 업무 집중력이 달라졌다'는 경험담이 수백 건 이상 공유되었다. 실제 일부 기업은 오전 11시와 오후 3시마다 알람을 울려 직원들에게 스트레칭과 벽 정렬 자세를 하도록 권장하고 있다. 이는 조직 내 피로감 관리와 몰입도 향상 전략이다.

위와 같은 자세 교정 습관은 단순히 건강을 지키는 차원을 넘어, 학습·감정·업무·인간관계 전반에 긍정적인 파급효과를 가져오는 실제적 자기관리 전략 사례임을 보여준다.

최근 바른 자세는 신체 정렬뿐만 아니라, 정신과 태도의 지표로까지 주목받고 있다. 이는 기업의 리더, 스포츠 선수, 예술가 등 분야와 직업을 막론하고 탁월한 성과를 내는 이들에게 공통으로 발견되는 특징이다.

이러한 현상은 개인의 경험적 통찰에서 확장되어 최근 심리학·신경과학·언어학 등 학문적 연구에서도 설명되고 있다. 그 핵심 개념이 바로 체화 인지 embodied cognition 다. 체화 인지 이론은 우리의 생각과 감정, 태도가 단순히 머릿속에서만 만들어지는 것이 아니라, 몸의 상태와 긴밀히 연결되어 형성된다고 설명한다. 따라서 바른 자세가 사고와 감정, 태도에 직접적인 영향을 줄 수 있다는 사실에 과학적 근거를 제공한다.

┃ 자세는 비언어 리더십 커뮤니케이션의 핵심

비언어적 커뮤니케이션은 청중의 반응에 분명한 영향을 미친다. 2024년 『Frontiers in Psychology』에서는 자세, 움직임, 외모와 같은 비언어적 단서들이 메시지 해석에 영향을 미친다고 보고했다. 또한 비언어적 표현의 효과성을 다룬 리뷰 연구에서는, 연사 speaker 의 적절한 자세와 몸짓이 청중의 신뢰와 몰입도를 높이고 메시지 전달력을 강화하는 데 유의미한 역할을 한다고 밝혔다. 이러한 맥락에서 바르고 우아한 자세는 효과적인 리더십과 프레젠테이션에서 긍정적 인상을 만드는 가장 중요한 기반이 된다.

이처럼 자세는 무언의 언어이자, 성공적 커뮤니케이션을 이끄는 힘이다. 최신 신경심리학 Neuropsychology 연구 역시 자기계발서보다 자세 훈련이 우선되어야 함을 강조한다. 예컨대 하버드 경영대학원을 비롯한 여러 경영 리더십 프로그램에서는 비언어적 커뮤니케이션과 자세 교육을 리더십 역량 강화를 위한 중요한 훈련 요소로 포함하고 있다.

여러 연구들이 말해 주듯 바른 자세는 리더십과 설득력의 핵심 요소임이 분명하다. 예를 들어 심리학 연구에서는 연설자의 자세·몸짓·시선과 같은 비언어적 신호가 청중의 신뢰와 몰입도를 결정하는 중요한 요인임을 확인했다. 곧게 선 자세를 취한 리더가 신뢰·안정·권위의 신호를 전달하며, 팀 협업과 직무 몰입도 향상으로 이어진다는 결과는 바른 자세의 영향력을 과학적으로 뒷받침하는 근거다.

개인의 자세 습관은 곧 조직의 경쟁력이자, 신뢰를 이끄는 비언어적 리더십으로 이어진다. 혹시 지금 자신감이 흔들리거나 리더십이 부족하다고 느껴지는가? 그러니 이제 자세부터 바로 세워보자. 곧, 내면 깊이 숨겨져 있던 리더의 힘이 깨어나고, 영향력을 실현하는 새로운 당신과 만나게 될 것이다.

신체 활동과 똑바로 앉고, 선다는 것의 의미

사람은 움직이는 것이 기본값이다. 과거 수렵과 채집 시대의 인간은 생존을 위해 끊임없이 움직여야 했다. 이렇듯 '움직임'은 인간의 가장 원초적인 능력이며, 그 능력을 개발하고 단련하며, 또 공정하게 겨루는 장이 바로 오늘날 스포츠다. 그렇다면 움직임은 오직 스포츠 선수에게만 중요한 것일까? 전혀 그렇지 않다. 움직임은 인간 본성에 내재된 생존 전략이며, 오늘날에도 변화무쌍한 시대의 흐름을 읽고 신속히 대응하는 능력은 곧 생존을 보장하는 힘이다.

오늘날 우리에게 가장 중요한 배움은 지식 그 자체가 아니라, 바른 움직임과 신체 활동, 그리고 바른 자세다. 왜냐하면 자세는 단순한 몸의 형태를 넘어서, 우리가 삶을 바라보고 대응하는 방식을 결정하기 때문이다.

똑바로 앉고 선다는 것은 곧 몸과 마음이 회복될 수 있다는 사실을 뇌에 각성시키는 행위이자, 자기 자신과 세상을 정면으로 마주하는 진정한 자아 성찰의 순간이다. 그렇게 자세가 바로 섰을 때 삶의 우선순위가 다시 정렬되고, 스스로의 행복을 찾는 인생 리뉴얼의 시간이 열린다.

규칙적인 신체 활동과 앉고 서는 자세는 삶의 방향을 결정한다. 우리가 스스로의 몸과 마음을 더 아끼고 사랑한다면, 지금 당장 말보다 행동으로 바르게 앉고, 서 보자. 그 순간, 비로소 몸이 당신에 대해 새로운 역사를 써내려가기 시작할 것이다.

청소년의 자세가 곧 국가의 미래다

요즘 아이들은 빠르게 자란다. 그러나 더 빠르게 굽고 있다. 학교와 학원, 스마트폰과 게임에 매달려 하루 10시간 이상을 앉아 보내는 동안, 아이들의 자세는 앞으로 굽거나 옆으로 휘어진다.

반듯하게 정렬되지 않은 척추는 성장판을 압박하고, 골반의 비대칭을 만들며, 복압 저하를 일으킨다. 그 결과 키 성장뿐 아니라 소화 기능 저하, 집중력 감소, 만성피로로 이어질 수 있다. 실제로 2021년 대한신경외과학회지에 실린 연구는 자세가 구부정한 청소년일수록 자존감과 학업 집중력이 낮은 경향을 보인다고 밝혔다. 특히 목이 앞으로 나온 거북목 자세 FHP: Forward Head Posture 는 뇌로 가는 혈류를 줄이고, 눈·귀·턱관절·자율신경계까지 광범위한 부담을 준다고 보고했다.

세계적 통계 역시 이러한 우려를 뒷받침한다. 2020년 기준 OECD 조사에 따르면 대한민국 성인의 54.4%가 WHO 권장 신체 활동량에 미달하며, 청소년의 경우는 무려 94.1%가 신체 활동 부족 상태다. 또, 유산소 운동 실천율은 2014년 58.3%에서 2020년 45.6%로 급감했고, 하루 평균 앉아 있는 시간은 7.5시간에서 8.6시간으로 늘어났다. 이 통계는 대한민국이 점점 움직임을 잃어가고 있음을 보여준다. 그 결과, 신체의 불균형과 잘못된 자세·움직임이 이제는 일상의 기본값이 되어 버렸다.

그렇다면 이런 상태로 우리의 자녀나 다음 세대가 노년을 맞이한다면 어떤 삶을 살게 될까? 점점 길어지는 기대수명과 비례해 아픈 몸으로 여생을 살아가는 재앙 같은 인생이 펼쳐질 것이다. 생각만으로도 섬뜩한 시나리오가 눈앞에 그려진다. 그것만큼 잔혹하고 고통스러운 형벌이 또 있을까?

아직 젊다고, 지금은 괜찮다고 방심하고 있지는 않은가? 바로 지금이 바른 자세와 움직임을 통해 건강한 생활 습관을 일상의 리듬으로 재설정할 가장 빠른 시점이다. 나이와는 무관하다. 지금 당장 실천해야 할 문제다. 무엇보다 중요한 것은 이 과정을 전문가에게 제대로 배우는 것이다. 그러나 안타깝게도, 바른 자세와 움직임을 우선으로 가르치는 전문가가 많지 않다는 현실 역시 우리가 반드시 극복해야 할 장애물이다.

내가 속한 연구소에서 지역 교육청이나 학교로부터 요청을 받아 학생과 교사를 대상으로 자세 교육을 하다 보면, 가장 안타까운 점은 가정도, 학교도, 국가도 이 문제를 충분히 주목하지 않는다는 사실이다. 바른 자세가 중요하다는 것은 모두 알고 있지만, 정작 어디서부터, 무엇을, 어떻게 시작해야 할지 막막해한다.

이제 잠시 "대한민국에서 살아간다는 것은 무엇인가?"라는 질문을 던져보자. 현행 입시제도의 실효성에 대해 비판하기에 앞서, 사실 우리 모두가 그 제도를 거쳐왔다. 지금도 학생들은 치열하게 공부하며 대학 입시를 위해 노력하지만, 삶의 목표와 목적 그리고 비전을 세워본 경험은 거의 없다. 꿈을 후순위로 미룬 채, 오로지 좋은 대학 진학만을 추구하며 부모의 기대와 점수, 경쟁 속에 자신을 맞추어 간다.

문제는 이 생활패턴이 성인이 된 이후에도 그대로 이어진다는 것이다. 부모의 보살핌을 벗어나 경제 주체로 살아가야 할 때, 더 치열한 생존 게임이 시작된다. 매일 전투적인 일상을 반복하며 타인과 경쟁하다 보면, 어느새 나만의 정체성과 꿈을 잃어버린다. 그러다 결혼하고, 자녀를 낳고, 어느덧 흰머리가 제법 생겨난 중년이 되어서야 잠시 삶을 돌아본다. 자녀만 독립하고 나면 그동안의 고생을 보상받으리라 다짐하며, 오늘도 조금 더 참고 견딘다.

드디어 자녀가 독립해 출가한다. "이제야 진짜 내 인생을 살아보겠다!"는 설렘 가득한 마음으로 여행도 떠나보고, 취미도 가져보려 애써 본다. 하지만 이미 몸은 예전 같지 않다. 오랫동안 몸이 보내온 수많은 신호와 경고를 무시한 대가는 가혹하다. 열심히 살아왔다고 자부하지만, 떨어질 대로 떨어진 삶의 질과 체력, 그리고 잃어버린 세월이 야속할 뿐이다.

이런 부모의 삶을 지켜본 자녀 역시, 결국 부모가 설정해 둔 경로를 그대로 답습한다. 똑같은 삶의 길을 걸으며 비슷한 결말에 다다른다. 우리가 자녀에게 해줄 수 있는 말은 "네가 원하는 멋진 삶을 살아라"가 아니라 "조금만 더 참고 견뎌라"가 되어 버린다. 어쩌면 그것이 당연한 말일지도 모른다. 우리가 살아온 방식이 바로 그러했기 때문이다.

인간은 태어나면서부터 사회화 과정을 겪는다. 제1차 사회화는 '가정'에서 시작되어 기본적인 가치관과 언어, 행동양식을 습득한다. 이어서 '학교'를 통해 또래 집단 속에서 관계의 형성과 사회적 규범을 배우며 2차 사회화가 이루어진다. 성인이 된 이후에는 '직장과 국가를 비롯한 사회 전반'이 새로운 역할과 책임을 학습하는 장으로 작용한다. 따라서 국가의 위정자들과 교육자들이 가장 먼저 숙고해야 할 것은, 한 세대가 이 사회화 기관에서 무엇을 보고 배우며 자라나게 할 것인가 하는 점이다. 그 과정에서 제공되는 가치와 태도가 한 사람의 인생을 좌우하기 때문이다.

따라서 가정과 학교는 단순히 지식을 주입하고 암기하는 공간이 아니라, 구성원들이 개성 있는 주체로 성장하며 삶의 목적을 찾아 비전을 세우고, 바른 자세와 태도를 통해 목표를 달성하는 능력을 가르치는 현장이 되어야 한다. 이것이야말로 학교라는 제2의 사회화 기관이 수행해야 할 진정한 사명이다. 명문 대학 진학율이나 교육기관의 평가는 그저 부차적인 성과일 뿐이다. 교육의 본질은 점수가 아니라, 인간의 몸과 마음을 단련해 삶의 태도를 바로 세우고, 목표를 실현하는 데 있다. 이러한 이유 때문인지, 영국 왕실과 유럽 귀족들은 이미 수백 년 전부터 자녀 교육의 핵심을 '자세'로 삼아왔다.

루이 14세의 궁정에서 발레가 귀족 교양의 중심이 된 것은 단순한 춤이 아니라 척추를 세우고 균형을 단련하는 훈련이었다 The English Manner, 2023. 이처럼 자세 교육은 세대를 넘어 이어져 왔고, 오늘날에도 그 힘은 여전히 살아 있다. 공식 석상에서 드러나는 케이트 미들턴 왕세자빈의 단정하고 우아한 앉은 자세, 균형 잡힌 걸음걸이는 귀족 출신이 아님에도 불구하고 왕실의 치밀하고 엄격한 예법 교육이 빚어낸 결과다 House Beautiful, 2017. 이 생생한 사례는 자세와 태도가 단지 타고나는 것이 아니라, 성인이라도 후천적 훈련을 통해 충분히 변화할 수 있음을 보여주는 증거다.

자세는 한 가문을 지켜온 보이지 않는 힘이며, 세대가 물려주는 정신적 문화 유산이다. 이를 극적으로 보여주는 에피소드 하나를 소개한다.

2024년 10월, 몽골에서의 강연을 마친 뒤 한 젊은 아버지가 아홉 살 아들과 함께 나를 찾아왔다. 현지 통역사를 사이에 둔 상담이었다.

"오늘 강연을 듣고 처음으로 자세의 중요성을 알게 되었습니다. 저는 운동만 하면 된다고 믿었고, 아들에게도 운동만 시키면 충분하다고 생각했습니다. 그런데 선생님의 말씀을 듣고 보니, 그것만으로는 부족하다는 걸 알았습니다. 제 아들은 집중력이 약해 늘 산만합니다. 강연에서 '구부정한 자세와 스마트폰 사용이 ADHD와 유사한 증상을 유발할 수 있다'고 말씀하셨는데, 딱 제 아들 이야기 같았습니다. 자세 교정으로도 개선이 가능할까요?"

"물론 원인은 다양할 수 있습니다. 그러나 기본이자 핵심은 자세입니다. 자세 정렬 루틴을 시작하면 충분히 큰 변화가 일어납니다. 저도 이미 많은 개선 사례를 보았습니다. 혹시 지금 아드님의 앉는 모습, 걷는 동작, 움직임을 잠시 볼 수 있을까요?"

나는 아버지와 아들에게 몇 가지 동작을 지시하며 약 10분간 관찰했다. 그리고 미소 지으며 말했다.

"아버님, 정말 놀랍습니다. 아드님이 아버지의 자세를 그대로 복제했네요. 친자 확인이 필요 없을 정도로 싱크로율 100%입니다."

순간 모두의 웃음이 터져나왔지만, 그 속에는 진지한 메시지가 숨어 있었다. 아이의 자세는 부모의 자세를 따라간다. 마치 DNA 염기서열이 복제되듯, 삶의 습관과 몸의 패턴까지 대물림된다.

나는 아버지께 진지하게 말했다.

"아버지의 자세가 바뀌어야 아들의 자세도 바뀝니다. 부모가 바로 서야 자녀도 바로 설 수 있습니다."

그날, 아버지와 아들에게 9분 자세 정렬 루틴을 직접 지도했다.

그리고 1년 후, 2025년 9월 말. 나는 다시 몽골을 찾았다.

그곳에서 같은 아버지를 다시 만났다.

"선생님, 저는 1년 전보다 몸이 훨씬 가볍습니다. 농구 동호회 활동에서도 좋은 컨디션을 유지하고 있어요. 그리고 제 아들은 저보다 더 규칙적으로 루틴을 지키며 자기 절제력이 강해졌습니다. 공부와 게임, 운동까지 균형 잡힌 생활을 하고 있습니다."

나는 아버지를 꼭 안아주며 말했다.

"정말 대단하십니다. 그리고 너무 감사합니다."

그 순간, 내 직업과 사명에 대한 깊은 자부심이 밀려왔다. 그리고 깨달았다. 가족이 함께 건강해지면, 그 힘은 사회와 국가까지 변화시킨다. 이것이 우리가 존재하는 이유다.

우리 가정에서도 마찬가지다. 부모가 곧게 서는 순간 아이는 자연스럽게 따라 선다. 가족이 함께하는 하루 9분의 자세 정렬 루틴은 단순한 운동을 넘어, 자녀에게 평생의 품격과 자신감을 물려주는 최고의 선물이다.

우리가 자녀에게 반드시 남겨야 할 것은 돈이나 부동산 같은 재산이 아닐지 모른다. 오히려 평생 아름답고 건강하게 살아갈 힘, 품위 있는 몸가짐과 정신적 자세 같은 문화적 유산이야말로 진정한 '왕관'이다. 돈은 시간이 지나면 가치가 타락하지만, 올곧은 자세에서 비롯된 힘과 품격은 세대를 넘어 계속 이어진다.

다음 세대를 위해, 부모와 교사는 더 이상 "공부만 하라"고 등을 떠밀기에 앞서 먼저 몸으로 보여야 한다. 바른 자세를 모르면 공감할 수도 없고, 더 나아가 가르칠 수도 없다. 자세의 힘은 말이 아니라 뒷모습으로 전해질 때, 아이들의 마음에 진짜 배움으로 남는다. 그때야 비로소 우리도 그들이 따르고 싶어지는 진짜 어른의 모습을 닮아가며, 더불어 교학상장敎學相長, 서로 배우며 함께 성장한다는 뜻 한다.

자세가 비즈니스 분야에 미치는 영향

자세와 태도는 성공의 열쇠다.

– 지그 지글러(Ziglar, Z, 1975)

앞서 Part 1에서는 '자세와 건강'의 과학적 연관성을 살펴보았다. 이제 시선을 더 확장해보자. 자세는 더 이상 건강 관리에만 머무르지 않는다. 최신 연구와 사례들은 바르게 정렬된 자세가 인지력, 집중력, 설득력, 생산성과 같은 핵심 비즈니스 역량에까지 영향을 미친다는 사실을 분명히 보여주고 있다. 그중에서도 2015년 『Frontiers in Human Neuroscience』에 실린 연구는, 자세가 뇌의 활성 패턴에 직접적인 영향을 준다는 점을 밝혀내며 큰 주목을 받았다.

그렇다면, 바른 자세는 구체적으로 뇌와 인지 기능에 어떤 변화를 만들까?

첫째, 바른 자세는 경추와 척추의 정렬을 바로잡아 뇌로 향하는 혈류와 산소 공급을 개선한다.

둘째, 산소와 영양 공급이 원활해지면 인지기능과 주의력이 강화되어, 명확한 사고와 의사결정 능력이 뚜렷하게 향상된다.

셋째, 여러 뇌 영상 연구들은 바른 자세가 전두엽 활성도를 높여, 전략적 사고와 창의적 문제 해결력을 증진시킨다.

미국 기업가 브라이언 존슨 Bryan Johnson 은 뇌 MRI 검사에서 자세 불균형이 뇌 혈류를 차단하고 있음을 발견했다. 이후 그는 자세 교정 루틴을 실천하며 집중력과 정신 회복에서 큰 효과를 보았고, 이를 "뇌 회복 루틴의 핵심"이라 강조했다.

이 사례를 좀 더 뒷받침하는 근거로 일본 교토대학 히카루 니시무라 Hikaru Nishimura 박사팀의 연구 또한 주목할 만하다. 이 연구에 따르면 척추 정렬 상태는 인지기능 저하와 밀접한 연관이 있다. 특히 노인 건강검진에서 자세 불균형은 기억력 감퇴로 이어질 수 있음을 밝혔다. 위에서 언급한 브라이언 존슨의 사례처럼 많은 현대인들이 치매와 인지기능 저하의 예방 차원에서 자세를 바르게 교정하는 것은 가장 훌륭한 뇌 회복 루틴으로 충분히 권장할 만한 가치가 있다.

대개 주의력이란 특정 대상에 의식을 집중하는 능력을 뜻한다. 그러나 많은 현대인은 스스로 ADHD, 즉 주의력 결핍 상태를 만들고 있다. 그 이유는 뇌가 특정 자세를 기억하기 때문이다. 하루 대부분을 스마트폰과 컴퓨터에 파묻혀 고개를 숙이다 보면, 뇌 또한 아래를 향하게 된다. 이는 자신과 세상을 바라보는 시야를 좁히고, 새로운 것을 만들기보다 기존의 상태를 유지하려는 데 몰두한 나머지 결국 현재에 머무르려는 사고방식을 더욱 굳게 만든다. 더 할 수 있음에도 덜 하게 되고, 그것에 만족하는 삶이 기본값이 되는 것이다.

도전? 지금이면 충분하다. 성장? 더 이상 필요 없다. 가능성? 안전이 더 낫다. 이런 사고방식을 '고정 마인드셋 fixed mindset 이라고 한다.

실제로 장시간 고개를 숙인 자세에 관한 연구에 따르면 이러한 자세는 전두엽 혈류 감소와 연관되어, 집중력·의사결정·창의성 같은 고도의 집행 기능을 약화시킬 수 있다.

좁아진 시야는 주변을 살피는 주의력, 배려심, 공감 능력까지 떨어뜨려 사회성 저하로 이어진다. 굳이 몸을 구부려 가며 스스로 집중력 저하를 자초할 필요는 없지 않은가?

"당신의 자세가 각성하면 인지력은 손흥민처럼 펄펄 뛰어다닌다."

자세와 비즈니스 리더십 그리고 성과의 상관관계

바른 자세는 비즈니스 리더십과 성과를 뒷받침하는 인지적 기반 cognitive foundation 이다. 곧고 당당한 자세로 회의에 임하는 것만으로도 신뢰와 설득력이 배가되며, 이는 곧 부와 성공 가능성에까지 실질적 영향을 미친다.

『하버드 비즈니스 리뷰 Harvard Business Review, HBR』는 효과적인 리더십을 위해 자기조절능력 self-regulation 과 신체적 자기인식 body awareness 을 중요한 요소로 다뤄 왔다. 여러 연구와 사례에서도 리더의 바른 자세와 신체 중심 의식은 안정감과 신뢰를 전달하는 핵심 비언어적 요소로 분석된다.

이처럼 바른 자세는 리더십과 자기 통제감, 신뢰 형성의 필수 조건이다. 신체의 정렬은 곧 정신의 정렬로 이어지며, 이는 의사결정능력, 감정 안정성, 나아가 리스크 관리 능력으로 확장된다.

따라서 자세는 리더들에게 단순한 '신체 습관'이 아니라 곧 '전략 자산'이다. 앉는 자세 하나, 서 있을 때의 중심 하나가 쌓여 결국 재정 습관과 퍼스널 브랜딩, 더 나아가 업무 성과의 기반이 된다.

탁월한 리더일수록 신체 인식 훈련과 자세 정렬 루틴을 통해 자기조절력과 리더십 프레즌스 presence [20]를 다져왔다. 의식적으로든 무의식적으로든, 바른 자세는 신뢰, 자기 통제력, 집중력을 드러내는 외형적 표현이며, 이는 곧 '몸으로 말하는 리더십'의 첫 단추다.

미국심리과학회에서 발간하는 국제학술지 『Psychological Science』는 바르고 당당한 자세가 자기주장과 설득력 향상에 기여할 수 있다고 보고했다. 이는 회의, 발표, 협상 등 비즈니스 상황에서 신뢰와 영향력을 높이는 데 유리한 요소로 해석된다.

또 다른 국제학술지 『Applied Ergonomics』에서는 바른 자세가 업무 몰입도와 생산성을 높이고, 실수율을 줄이는 데 도움이 된다고 보고했다. 이러한 결과는 바른 자세가 단순한 습관을 넘어, 여러 환경에서 즉시 적용 가능한 효율적 행동 전략임을 보여준다. 결국 한 개인이 어떤 분야에서든 신뢰와 영향력을 갖추고 업무 생산성을 높인다면, 언제 어디서나 인정받고 그 기회를 통해 성공으로 이어지는 자연스러운 선순환 흐름에 놓이게 된다. 바른 자세야말로 이러한 성공을 떠받치는 삶의 기본기인 것이다.

그리고 이 기본기를 토대로 세계적인 리더들은 각자의 분야에서 막대한 성취와 부를 이뤄냈다. 2025년 현재, 일론 머스크는 약 5,000억

---

20) 자기확신, 신체언어, 진정성 있는 태도를 통해 나타나는 영향력

달러 한화 약 7,015조 원 의 자산을 보유하고 있다. 오프라 윈프리는 약 31억달러 한화 약 4.3조 원 , 레이 달리오는 약 150억 달러 한화 약 20조 원 , 팀 쿡과 토니 로빈스 역시 수억 달러의 자산을 축적했다. 고인이 된 코비 브라이언트 또한 약 6억 달러 한화 약 7,000억 원 의 자산을 가족에게 남겼다.

 이들의 눈부신 성과와 부는 단순히 비즈니스 전략과 통찰력에서 비롯된 것만은 아니다. 그들에게 공통적으로 몸의 자세와 중심을 바르게 세우는 루틴과 이를 잘 녹여낸 습관이 있었다는 점에 주목해야 한다. 그들은 자세를 통해 감정과 집중력을 조율하고, 판단과 행동의 흐름을 정돈하며, 외부의 혼란 속에서도 흔들림 없이 스스로를 단단히 지켜낸다. 그들이 다스리는 것은 단지 몸이 아니라, 사고의 구조. 마치 자신만의 '리듬과 주파수'를 맞추듯, 자세를 조율하여 에너지의 방향을 바꾸고, 그 에너지가 전략을 만들며, 결국 그 전략이 성과와 자산으로 이어지는 것이다.

 물론 비즈니스에서 돈이 전부는 아니다. 그러나 성과를 가장 객관적으로 증명하는 지표가 돈이라는 사실만큼은 부정하기 어렵다. 부 富 는 단순히 통장에 찍힌 숫자가 아니라, 바른 자세가 쌓아 올린 성공의 부산물이다. 우리가 그들에게서 배워야 할 부의 본질은 돈을 버는 기술이 아니라, 어떤 상황에서도 중심이 흔들리지 않는 몸과 마음의 '정렬 습관'이다.

| 포스 퍼포머(Pose Perfomer)가 세상을 이끈다

 세계에서 가장 영향력 있는 미디어 채널 중 하나인 포브스 Forbes 는 2023년 특집 기사에서 바른 몸과 자세를 하이 퍼포머 high performer, 고성과자의 공통된 비언어 습관으로 꼽았다. 특히 세계 상위 1% 리더들은 회의 전 단 3분 동안 '정적 정렬 자세'를 취해 호흡과 시선을 가다듬는다. 그리고 이렇게 말한다. "이 단순한 3분이 고성과를 이끄는 핵심 전략이다."

이처럼 몸과 자세의 정렬을 통해 에너지와 퍼포먼스를 극대화하는 사람들, 나는 이들을 포스 퍼포머 pose performer 라 부른다.

앞서 Chapter 2에서 소개한 조클레타 윌슨은 아마도 세계에서 가장 잘 알려진 최고령 '포스 퍼포머'일 것이다. 그녀는 전직 무용가이자 사업가로, 현재 100세에도 여전히 홈디포 Home Depot [21]에서 정기적으로 근무하는 현역이다. 그녀의 삶은 '나이'조차도 단련된 자세와 루틴 앞에서는 무력하다는 사실을 몸소 증명하고 있다.

포스 퍼포머, 그들은 자신의 무대에 오르기 전, 몸과 자세를 대충 관리하는 법이 없다. 바르고, 당당하게 정렬된 자세는 곧 그들의 중심이며, 그 중심이 흔들릴수록 오히려 '자세 정렬 루틴'을 더욱 단단히 붙잡는다. 세상이 무너질 듯한 위기의 순간에도 그들이 흔들리지 않는 이유는, 바로 루틴으로 다져진 견고한 자세의 힘 때문이다.

이제는 한 걸음 더 나아가 보자.

실제로 전 세계에서 가장 유명한 고성과자들이 어떻게 몸과 자세를 다루는지, 그 일상적 루틴 속에서 무엇을 지켜왔는지를 살펴볼 차례다.

---

[21] 1978년 설립된 미국의 세계 최대 주택 자재·생활용품 전문 소매 유통업체. 북미 전역에 약 2,300개 매장을 운영하며, 'DIY(Do It Yourself)' 문화의 대표적 기업으로 꼽힌다.

그들이 왜 포스 퍼포머로 불리는지, 또 어떤 작은 차이가 그들의 성과를 뒷받침했는지 대중에게 잘 알려지지 않았던 성공의 비밀을 파헤쳐 보려 한다.

일론 머스크(Elon Musk) -
실리콘 밸리를 넘어 전 세계 테크 업계의 정점에 서다

"자세는 퍼포먼스의 무의식적 언어다."
2025년 7월 기준, 여섯 개의 혁신적 테크 기업을 이끌며 산업의 지각변동을 주도하고 있는 CEO 일론 머스크. 그는 몸의 중심을 세우듯, 사고에서도 언제나 균형과 본질을 유지한다. 그에게 난제란 결국 해결 가능한 숙제일 뿐이다. 머스크의 강렬한 마인드셋, 일과 삶을 대하는 태도, 그리고 '지독한 일 중독자'라는 사실은 잘 알려져 있지만, 그의 '자세 철학'에 주목한 이는 많지 않다.
실제로 그는 2021년 한 인터뷰에서 "하루의 피로도를 좌우하는 것은 식사보다 자세의 질이다"라고 강조했으며, 하루 세 차례의 자세 정렬 루틴을 실천한다고 밝혔다. 세계적인 혁신 테크 기업의 리더답게 수많은 프레젠테이션과 인터뷰에 등장하는 그는 언제나 시선을 수평으로 두고, 등을 곧게 펴며, 불필요한 손동작을 최소화한다. 이러한 비언어적 자세 습관은 청중에게 신뢰와 집중을 이끌어내는 힘을 발휘한다. 특히 TED 인터뷰와 스페이스X 발표 현장에서 보여준 '정적인 자세 안의 강한 에너지'는 전 세계 언론과 미디어의 분석 대상이 되기도 했다.
머스크의 말은 때론 느리고 신중하지만, 그의 자세는 단단하고, 태도는 확고하다. 혹시 언론이 그를 적대적으로 몰아붙이는 인터뷰 장면을 본 적 있는가? 그런 상황에서도 그는 말의 속도를 늦추는 대신, 자세로 침묵 속의 확신을 전달한다. 그는 몸의 중심을 고정한 채, 생각의 질주를 안정적으로 끌어내는 태도가 몸에 밴 강인한 포스 퍼포머다.
"단단한 자세는 생각과 말을 흔들림 없이 지지한다."

애플(Apple Inc.) & 팀 쿡(Tim Cook) - 기술과 인문학 중심의 혁신 아이콘을 이끄는 고요한 결단력과 리더십

1976년, 스티브 잡스와 스티브 워즈니악이 창업한 애플(Apple Inc)은 시대를 대표하는 아이콘이자 수많은 충성 고객의 사랑을 받는 기업으로 성장했다. 잡스 사후, 애플은 리더십 공백과 경쟁사의 기술 상향 평준화로 인한 혁신 부재 등 위기를 맞을 것이라는 우려가 있었지만, 결과는 정반대였다. 오히려 경영 측면에서 이전보다 더욱 안정적이라는 평가를 받고 있으며, 여전히 미국 시가총액 1위 기업의 자리를 지키고 있다. 그 비결은 무엇일까?

애플은 임직원의 집중력, 감정조절 능력, 창의성 유지를 위한 웰니스 전략의 핵심에 '자세 교정 명상 프로그램'을 도입해 온 것으로 알려져 있다. 자세가 곧 인지력과 의사결정의 질로 직결된다는 인식 때문이다. 실제로 2022년 전후로 사내 웰니스 프로그램이 확대 적용되었다는 보도도 있으며, 이는 애플이 디지털 피로와 스트레스 시대에 뇌의 정렬을 몸의 정렬로부터 실현하려는 선도적 시도로써, 몸-마음-기술 간 통합적 접근을 구현하는 리더십의 본보기로 해석된다. 과연 혁신의 아이콘 애플다운 발상이다.

특히 애플 CEO 팀 쿡은 매일 새벽 운동과 명상 루틴을 실천하며 자기 중심을 다진다고 여러 매체에서 전한다. 그의 신체·정신 정렬 루틴은 무대 위에서의 침착함과 리더십의 근간으로 기능한다. 팀 쿡은 웰니스(wellness)를 단지 '건강'이 아닌 생산성과 판단력을 높이는 에너지 관리의 방식으로 인식하는 듯하다. 이러한 철학은 Apple Watch의 'Mindfulness' 기능, Breathe 앱, Fitness 앱 등 다양한 웰니스 솔루션을 통해 구현되고 있다.

이처럼 애플은 단순한 IT기기 제조사를 넘어 웰니스 & 라이프 기반 AI테크 기업으로 확장해 가고 있다. 이뿐만 아니라 다양한 산업과의 경계 없는 협업으로 그들만의 생태계를 조성하며 선도하는 리더십 전략은 개인의 범위를 넘어 그룹 포스 퍼포머의 전형이라 할 수 있다.

토니 로빈스(Tony Robbins) - 자세 하나로 에너지와 메시지를 동시에 전달하는 세계 최정상 구루

전 세계 수천만 명에게 변화의 불꽃을 지핀 세계적 동기부여 강사이자 하이 퍼포머 리더십 코치인 토니 로빈스는 자신의 저서와 강연, 공식 채널을 통해 "매일 아침 10분간 자신만의 루틴"을 실천한다고 강조해 왔다. 그는 전 세계 수만 명 앞에 서서 강연할 때마다 어깨를 펴고, 시선을 정면에 고정한다. 이 단순한 자세 하나가 청중에게 신뢰를 구축하고, 에너지를 발산하며, 영향력을 각인시키는 신체 언어라고 힘주어 강조한다.

실제 사례도 있다. 강연 중 한 청중이 "자신감이 없어요."라고 말하는 순간을 포착해, 그는 즉석에서 그의 자세를 교정했다. 어깨를 펴고 가슴을 열게 하자 단 몇 분 만에 목소리 톤과 말투, 표정이 바뀌었고, 발표 또한 성공적으로 마칠 수 있었다. 로빈스는 이를 가리켜 상태 전환이라 부른다. 즉, 자세를 바꾸면 감정과 에너지가 달라진다는 '체화된 원리'의 적용 사례. 이 원리는 강연 무대에 선 연사만의 것이 아니다. 매일의 생활 속에서도 우리가 몸을 바르게 세우는 순간, 사고와 태도는 달라지고 관계와 성과까지 변화한다. 학문적으로는 이를 체화 인지(Embodied Cognition)라 부른다.[22]
다시 말해 몸의 정렬과 움직임은 단순한 물리적 행위가 아니라 사고와 정서의 바탕이 된다.

다음 Chapter 4에서는, 이 원리가 단순한 직관이 아니라 학문적으로 입증된 사실이며, 우리의 뇌와 행동, 그리고 성공의 패턴 속에서 어떻게 구체적으로 작동하는지를 확인하게 될 것이다.

> 오프라 윈프리(Oprah Winfrey) - **영화 같은 스토리를 담은 세계에서 가장 유명한 토크쇼를 이끌다**

오프라 윈프리는 세계적인 토크쇼 진행자이자 미디어계의 리더로서, 인터뷰나 연설에 앞서 늘 등을 곧게 펴고 어깨를 열며, 복식호흡으로 중심을 단단히 세우는 습관을 꾸준히 이어왔다. 그녀는 "내가 어떻게 앉는가가 내가 상대를 얼마나 존중하는지를 보여준다"고 말한다.
그녀의 자세는 단순한 예의가 아니다. 경청, 신뢰 그리고 권위를 동시에 전달하는 정렬의 미학이다. 실제로 그녀와 대면한 수많은 출연자들은 "그녀의 말보다 눈빛과 자세에서 더 큰 위로와 집중을 느꼈다"고 회상한다.
오프라는 말보다 먼저 몸의 개방성으로 상대를 품는다. 그녀의 자세는 언제나 "나는 지금, 당신의 모든 이야기를 진심으로 경청하고 있다"는

---

22) 인간의 사고와 감정은 뇌 속에서만 만들어지는 것이 아니라, 신체 전체와의 상호작용 속에서 형성된다는 이론이다. Lawrence Shapiro, Embodied Cognition(New York: Routledge, 2011). Francisco J. Varela, Evan Thompson, and Eleanor Rosch, The Embodied Mind: Cognitive Science and Human Experience(MIT Press, 1991).

무언의 메시지를 발산한다. 이 세상 속 수많은 토크쇼와 진행자가 존재하지만, 시간이 흐른 뒤에도 전 세계 사람들이 기억하는 이름은 오직 단 하나, 오프라 윈프리 쇼일 것이다.

"자세는 말보다 빠른 비언어 소통 기술이다."

오프라가 이를 통해 경쟁자들과 차별화되었듯, 우리 또한 이 작지만 강력한 기술을 잘 활용한다면 대인관계에서 우위를 선점할 수 있다. 상대방의 기억 속에 당당함과 건강함, 신뢰와 호감을 깊이 심어줄 수 있는 것이다.

레이 달리오(Ray Dalio) - 아파트 한 켠에서 써내려간 세계 최대 헤지펀드의 신화

"명상 후 자세 정렬, 그것은 나의 재정 컨트롤 타워다."

실력보다는 운이 더 크게 작용하는 투자 업계에서 전설로 불리는 인물이 있다. 바로 세계 최대 헤지펀드 브리지워터 어소시에이츠(Bridgewater Associates)의 창업자 레이 달리오다.

헤지펀드는 기관 투자자나 고액 자산가들을 위한 공격적인 투자 펀드로써 다양한 금융수단을 이용해 수익을 극대화하고, 손실을 최소화하는 전략을 사용해야 하기에 고위험 고수익형 상품을 의미한다.

이런 극한의 환경 속에서 달리오는 40년 넘게 매일 아침 명상으로 하루를 시작한다고 여러 인터뷰와 저서에서 밝혀왔다. 그는 호흡과 루틴을 통해 내면의 중심을 점검하며 "지금의 나는 어디에 중심을 두고 있는가?"를 되묻는다. 이는 단순한 습관이 아니라, 정신과 신체의 균형을 다스리며 투자 판단의 기반을 다지는 라이프 포스의 표본이라 할 수 있다.

천문학적인 돈을 움직이는 막중한 책임 속에서도 달리오의 리더십은 바위처럼 흔들림 없는 의사결정을 가능케 한다. 그의 태도와 자세는 단순한 투자 기술을 넘어, 성공과 리더십의 교과서다.

"통제 가능한 내면의 정렬이 예측 불가한 외부 시장보다 먼저다."라는 그의 철학은 혼돈 속에서도 중심을 잃지 않고 자기 질서를 세우는 사색가이자 장기 투자 전략가로 자리매김하게 했다.

그래서 그는 자타공인 최정상 '포스 퍼포머' 중 한 명이라 불릴 만하다.

코비 브라이언트(Kobe Bryant) - 스스로를 극한까지 몰아붙여 전설이 된 블랙맘바

NBA의 전설, 코비 브라이언트는 신체의 정렬이 경기력과 멘탈을 모두 지배하는 대원칙이라는 것을 누구보다 깊이 이해했던 선수다. 시합 중 코비에게는 항상 상대팀 전담 마크맨이 경기 내내 그를 따라다니며 괴롭혔다. 견제와 압박, 신경전으로 감정을 뒤흔드는 상황에서조차 몸과 마음의 중심을 유지하며 코트를 지배했다. 코비는 감정적 반응 대신 철저하게 훈련된 루틴으로 냉정하게 대응했다.

그는 경기 전 항상 폼 슈팅(form shooting) 루틴을 반복하며, 슛 동작의 모든 세부를 자신의 몸에 각인시켰다. 슛을 쏘기 전 발, 무릎, 골반, 어깨, 팔꿈치, 손목까지 정렬된 상태로 고정하고, "두 동작 슛(Two-motion shot)"이라는 고유의 리듬 속에서 균형 잡힌 힘의 전달과 시선의 안정을 실현했다.

코비 브라이언트는 인터뷰에서 이렇게 말했다.

"폼 슈팅은 단순한 연습이 아니다. 슛 자세를 반복적으로 정렬하는 건, 내 무의식을 경기 흐름에 맞춰 재정렬하는 의식이다."

동료 선수들 사이에서는 그가 새벽 3시에 체육관에 나와 자세를 반복 점검하는 모습이 전설처럼 회자된다. 공이 손끝에서 떠나는 순간 손끝까지 정렬하는 그의 숏 릴리즈(shot release)[23] 루틴은 단지 기술이 아니라 집중력과 감정 컨트롤의 물리적 표현이었다.

그는 스스로를 '블랙맘바(Black Mamba)'라 명명했다. 이 이름은 코비가 코트 위에서 감정 없이 정확하고 냉정하게 행동하기 위해 창조한 '자아의 상징'이었다. 블랙맘바는 가장 빠르고 치명적인 독사로써 목표에 대해 망설이지 않는다. 그는 경기 전, 감정을 지우고 루틴에 몸을 맡기는 방식으로 정신을 오롯이 목표에 고정했다.
"몸이 흐트러지면 마음도 따라 흔들린다. 내 자세가 곧 나의 멘탈이다."
코비에게 자세는 경기 전 예열이 아니라, 클러치 상황(Clutch Situation)[24] 에서 흔들림 없는 퍼포먼스를 만드는 신체의 예술이자 메시지였다. 스포츠에서는 그 무엇보다 선수의 동작과 자세의 일관성이 중요하다. 그런 점에서 코비는 탁월함 그 자체였다. 24시간을 극단적으로 살며 치열하게 경기를 준비했던 지독한 연습벌레. 커튼 뒤에서 남들이 하지 않는 자세에 대한 집착이 만든 궁극의 정교함이었다.
유튜브에서 'Kobe Bryant Best 50 Plays' 등을 찾아 시청해 보길 권한다. 그의 슈팅 폼과 드리블, 그리고 흔들림 없는 기본기는 치열한 경기 속에서도 마치 시간이 그의 플레이에만 슬로모션을 허용하는 듯한 착각을 불러일으킨다.
이런 그의 균형 잡힌 자세는 단지 숏의 정확도만을 높인 것이 아니라,

---

[23] 공이 손끝을 떠나는 결정적 순간으로, 활시위를 놓는 찰나처럼 숏 성공 여부를 가르는 섬세한 동작이다.

[24] 경기 막판 승부가 단 한두 번의 공격과 수비로 결정되는 극도의 긴장 순간을 가리킨다. 코비는 숏 릴리즈와 클러치 이 두 순간에서조차 자세와 루틴을 흐트러뜨리지 않았기에, 전설적인 승부사로 기억된다.

승패가 달린 중대한 승부처에서 멘탈과 리듬을 지키는 중심축이었으며 그 정렬된 습관은 전성기 내내 그를 우상 마이클 조던의 뒤를 잇는 NBA 최고의 '미드 레인지(midrange)[25] 아티스트'로 만들어 주었다. 좋은 선수를 넘어 위대한 선수로 거듭난 코비 브라이언트, 그는 전 세계 농구 팬들의 가슴속에 영원한 전설로 살아 숨 쉬고 있다.

포스 퍼포머의 자세 정렬 루틴 전략

화려한 스포트라이트를 받으며 대중의 사랑을 누리는 이들을 우리는 스타 star 또는 셀럽 celebrity 이라 부른다. 무대나 카메라 앞에 선다는 것은 곧 존재감으로 공간을 장악하는 일이다. 그들을 위해 스타일리스트는 브랜드와 의상을 고르고, 헤어와 메이크업 아티스트는 이미지를 바꿔준다. 그러나 진짜 이미지를 결정짓는 핵심은 따로 있다. 바로 '자세와 태도'다.

레드카펫에 선 셀럽들은 의도적으로 가슴을 활짝 열고, 고개를 들며, 목선을 곧게 유지한다. 그들은 '몸의 인상'을 통해 자신이라는 브랜드를 드러낸다. 대중에게 잘 알려지지 않았지만, 할리우드의 최정상 셀럽들은 자세 정렬의 중요성을 누구보다 잘 이해하고 있다. 그래서 이를 습관화하기 위해 꾸준히 훈련하며, 체형과 자세 교정을 전담하는 개인 물리치료사나 코치를 두는 경우도 많다. 즉, 자세를 위한 개인 PT를 받는 셈이다.

---

[25] 3점 라인(three-point line) 안쪽이지만, 자유투 라인 부근의 페인트 존(paint area) 및 그 바로 주변보다는 떨어진 지점을 지칭한다.

자세는 단지 외형을 위한 것이 아니다. 연기를 위해, 리더십을 위해, 때로는 자신을 외부로부터 지키는 심리적 방어막으로도 작동한다.

브라이언 존슨(Bryan Johnson) - 기술업계 백만장자의 자세 혁신

앞서 Chapter 3에서 사례로 다뤘던 브라이언 존슨은 결제 서비스 스타트업 브레인트리(Braintree)를 창업한 후, 2013년 페이팔(PayPal)에 회사를 8억 달러에 매각하며 실리콘밸리에서 큰 부와 명성을 동시에 거머쥔 기업가다.

최근 넷플릭스 다큐멘터리 'Don't Die: The Man Who Wants to Live Forever'에서 소개된 적 있는 '프로젝트 블루프린트(Project Blueprint)'를 통해 생물학적 나이를 되돌리는 실험을 진행하며 화제의 중심에 섰다. 그 과정에서 그는 MRI 검사와 전문가 피드백을 통해 '거북목 자세(FHP)'가 뇌로 향하는 혈류 및 신체 균형에 영향을 줄 수 있다는 점을 확인했고, 이를 교정하기 위해 곧바로 자신만의 자세 정렬 루틴을 도입했다.

그가 실천하는 대표적인 5단계 자세 정렬 루틴은 다음과 같다.

① 척추 끈 시각화 : 머리 위로 끈이 당겨진다는 상상으로 척추 정렬 유지.
② 스마트폰 눈높이 사용 : 스마트폰을 눈높이로 들어올리기.
③ 30분마다 일어나기 : 스트레칭으로 자세 리셋.
④ 물리치료사 코칭 기반 자세 강화 운동 : 어깨·목 근육 강화 운동 수행.
⑤ 초기 통증 인정 후 지속 관리 : 초기 근육통은 긍정적 변화의 신호로 인식하기.

이러한 루틴은 뇌혈류 개선, 자율신경 안정, 집중력 향상 효과를 보였고, 그는 이를 "단순한 자세 교정이 아니라 뇌 신경계 회복 루틴(Neural Restoration Routine)"이라 불렀다.

그의 철학은 마치 우리에게 이렇게 질문하는 듯하다.

만약 자세 하나가 생물학적 운명을 바꿀 수 있다면, 지금 이 순간, 당신은 어떤 자세를 선택하겠는가?

빈 팜(Vinh Pham) - 할리우드 물리치료사의 자세 철학

캐나다 출신 물리치료사이자 Myodetox의 공동창업자인 빈팜은 할리우드 배우 마이클 B. 조던, 제니퍼 애니스톤 등 세계적인 셀럽들의 퍼포먼스 코치로 활동하고 있다. 그는 평소 자신의 SNS와 강연에서 "자세는 침묵 속에서도 세상과 소통하는 언어"라고 강조한다. 둥글게 말린 어깨, 배가 앞으로 쏠린 자세, 굽은 목은 자신을 '루저'처럼 보이게 한다는 것이다. 실제로 많은 셀럽이 인터뷰 직전, 레드카펫에 서기 전, 촬영 직전 단 3초의 자세 정렬 루틴을 실천한다. 등을 펴고 턱을 당기며 시선을 높이는 이 짧은 습관이 자신감과 존재감을 강화한다.

빈 팜은 "통증은 습관의 누적"이라고 강조하며, 자신의 루틴(힙 리셋, 어깨 열기, 척추 정렬)은 일반 직장인에게도 효과적이라 설명한다. 결국 자세를 바로 세우는 순간, 우리 몸 안의 '숨겨진 치료사'를 깨우게 되는 셈이다. 그는 셀럽들에게 레드카펫 입장 전, 심지어 SNS 촬영 전에도 짧은 자세 정렬 루틴 수행을 강조한다.

등과 허리를 곧게 펴고, 턱을 당기며, 시선을 높이는 단 3초의 루틴. 이 짧은 자세 전환이 그들의 퍼포먼스와 자신감을 유지시켜 주는 숨은 장치다.

스타들의 전담 치료사이기도 한 그의 하루 3회 자세 정렬 루틴은 힙 리셋, 어깨 열기, 척추 중립 정렬로 구성되어 있으며, 특히 장시간 앉아 있는 직장인들에게 효과적이다.
"자세를 정렬하려는 작은 의식을 시작하는 순간, 당신은 이미 치유와 회복의 여정으로 발걸음을 내딛게 된다."

조 하트(Joe Hart) - 분야를 넘어 성공한 자세 리더십

잉글랜드 축구 국가대표 골키퍼 출신이자 현재 축구 평론가로 활동 중인 조 하트는 유로 2024 시즌 중계방송에서 보여준 '안정된 자세와 침착한 태도로 큰 주목을 받았다.
그는 이렇게 말했다.
"나는 앉아 있을 때도 허리를 세우고 가슴을 편다. 그리고 일어서면, 늘 크고 단단하게 서 있어야 한다. 이는 단순한 '자세'가 아니라, '내가 여기 있다'라는 선수 시절부터 이어온 나만의 리더십 방식이자 무언의 메시지였다."
그는 방송에 들어가기 전 복식호흡과 정렬 루틴으로 긴장을 풀며, 자세가 곧 자신감으로 이어진다고 강조한다.
하지만 그 역시 자세와 관련해 어려움을 겪은 시기가 있었다. 맨체스터 시티 소속으로 잉글랜드 프리미어 리그에서 활약하던 시절, 팀의 주전 골키퍼이자 리더로서 당당한 자세로 팀을 이끌던 그는 "어느 순간부터 자세가 위축되기 시작했고, 자신감이 떨어졌다. 그리고 그것을 회복하는 데 몇 년이 걸렸다"고 고백한 바 있다. 그의 경험은 바른 자세가 단순한 외형이 아니라 자신감을 회복하고 리더십을 세우는 기반임을 잘 보여준다.

이는 그가 자세의 중요성을 일찍이 깨달았다는 뜻이며, 바로 그 점이 지금도 성공한 축구 평론가로 자리매김하고 있는 비결이지 않을까?

▌ 테일러 스위프트(Taylor Swift) - **무대를 장악하는 자세의 힘**

'걸어 다니는 기업'이라 불리는 테일러 스위프트는 전 세계 음악 산업과 지역 경제를 뒤흔드는 티켓 파워를 지닌 아티스트다. 2023년 The Eras Tour는 단일 아티스트 투어 사상 최대인 약 20억 달러(한화 약 2조 8천 60억 원) 이상의 매출을 기록했고, 공연이 열리는 도시마다 '테일러노믹스(Taylornomics)라 불리는 경제 효과가 보고되었다. 그러나 그녀의 진짜 힘은 단지 음악적 재능이나 히트곡에만 있지 않다. 무대 위에서의 자세와 존재감이 바로 테일러 스위프트가 수억 명의 팬들을 사로잡는 비밀이자, 강력한 메시지를 전달하는 원천이다.
그녀의 무대 위 몸짓은 하나의 선언처럼 느껴진다.
"나는 내 자세에 감정을 실어, 목소리로 세상을 울린다."

테일러의 무대 공연 전 루틴 중 하나는 등을 곧게 펴고 깊은 복식호흡을 반복하는 것이다. 단순한 호흡 훈련이 아니라 감정을 다잡고 존재감을 세우는 자세 정렬 루틴인 셈이다. 또한 리허설 때는 자세 교정 보조 도구를 착용해 발성과 호흡 안정, 체형 유지에 도움을 받는다. Yahoo Lifestyle 등 여러 매체는 그녀의 무대 위에서 안정된 자세가 퍼포먼스의 완성도를 높이며, 이는 자세 관리가 체형과 체력뿐 아니라 메시지 전달력까지 좌우한다는 점을 잘 보여준다고 전한다.

안정적인 가창력, 호소력 짙은 감정선, 그리고 파워풀한 무대 장악력. 이 모든 성공 이면에는 철저히 관리된 자세 정렬 루틴이 자리 잡고 있다.

이는 단순히 목소리의 문제가 아니라, 내면의 신념을 몸으로 드러내는 차별화된 전략이다.

우리도 테일러처럼 스스로 지키기 어려운 일상 속 바른 자세 습관을 유지하기 위해, 웨어러블 제품이나 자세 교정 보조도구를 활용해 보는 것도 충분히 가치 있는 시도가 될 수 있다.

요약 유명 인사의 자세 루틴 실천 전략

① 브라이언 존슨: 척추 전만으로 인한 뇌혈류 문제 인식 → 자세 리셋 5단계 루틴 → 집중력·자율신경 기능 회복

② 빈 팜(Vinh Pham): 할리우드 물리치료사, 자세는 습관의 누적이라 강조 → 1일 3회 리마인더 활용 루틴 권장

③ 조 하트: 방송 중 바른 자세 화제 → 방송 전 복식호흡과 자세 정렬로 자신감 유지

④ 테일러 스위프트: 무대 리허설 중 자세 교정 보조도구 착용 → 호흡 안정과 발성, 체형 유지에 효과

앞서 살펴본 세계적인 포스 퍼포머들과 기업은 공통적으로 '자세'를 단순한 외적 정렬이 아니라, 내적 중심을 구현하는 루틴으로 인식하고 있다. 바른 자세는 그들에게 신체 언어이자 리더십의 에너지이며, 동시에 성과의 원천이다. 결국 우리 또한 자세를 바꾸는 일로부터 하루의 질서를 세워야 할 이유가 바로 여기에 있다.

자세 안정성과 스포츠 경기력의 관계

앞서 Chapter 2에서 살펴본 바와 같이, 호흡과 자세는 인간 움직임의 근본이자 불가분의 관계에 있다. 이제 그 원리가 스포츠라는 극한의 무대에서 어떻게 작동하는지 구체적으로 살펴보자. 자세는 특히 엘리트 스포츠의 경기력과 결과에 지대한 영향을 미친다.

호흡은 단순히 생명을 유지하는 기초가 아니라, 신체 전반을 조율하는 자율신경계의 핵심 메커니즘이다. 산소가 충분히 공급되지 않거나 호흡이 얕고 불규칙하면, 혈중 산소·이산화탄소 농도의 변화가 뇌에 스트레스 신호로 전달되어 교감신경이 항진되고 즉각적인 긴장 반응이 유발된다. 반대로 깊고 안정된 호흡은 횡격막과 호흡근을 충분히 활성화하여 부교감신경을 자극해, 신체를 이완과 회복 상태로 이끈다.

이처럼 호흡과 자세는 서로에게 신호를 주고받으며 순환적 메커니즘을 형성한다. 자세가 무너지면 호흡이 제한되고, 호흡이 흐트러지면 다시 자세의 안정성이 약화되는 것이다. 결국 두 요소는 결코 분리할 수 없으며, 이는 곧 스포츠 퍼포먼스의 핵심 원리로 작동한다.

바로 이 때문에 세계 정상급 선수들은 '자세와 호흡'을 훈련의 기초로 삼는다. 이는 경기력의 질과 성과를 결정짓는 단순한 기술을 넘어, 신체 퍼포먼스를 근본에서 지탱하는 알파요 오메가다.

이러한 경향은 '몸과 신체 능력'을 가장 큰 자산으로 삼는 미국과 유럽 스포츠계에서도 동일하게 나타난다.

2024년 제33회 파리 올림픽 테니스 남자 단식 금메달리스트이자 남자 테니스 역사상 최다 메이저 대회 우승 기록을 보유한 전설, 노박 조코비치 Novak Djokovic 는 요가와 명상, 의식적인 호흡 훈련을 통해 경기 중 몸과 마음의 균형을 유지한다고 밝힌 바 있다. 그는 특히 코어 안정성을 최고의 무기로 삼아 장기적으로 우수한 경기력과 부상 방지를 동시에 실현하고 있다.

심몬 바일스 Simone Biles 는 여자 체조 역사상 최다 세계 선수권 금메달을 획득한 선수이자 2024년 제33회 파리 올림픽 기계체조 여자 개인종합 금메달리스트로, 기네스북에도 이름을 올린 바 있다. 특히 그녀의 이름을 딴 'Biles' 기술만 무려 다섯 가지에 달하며, 그 난도와 정밀성은 바른 자세와 코어 안정성이 뒷받침되지 않고서는 결코 수행할 수 없다. 국제체조연맹이 그녀를 두고 "균형과 자세 제어의 교과서"라 평가한 것도 이 때문이다. 바일스는 척추와 고관절의 정렬을 유지하는 훈련에 집중함으로써, 세계 최고 수준의 퍼포먼스를 꾸준히 이어가고 있다.

이와 같은 자세 중심 훈련은 테니스나 체조뿐 아니라 타 종목에서도 공통적으로 강조된다.

NBA의 간판스타 르브론 제임스 LeBron James 와 UFC 두 체급 통합 챔피언 일리아 토푸리아 Ilia Topuria. 이들의 탁월한 성과 뒤에는 남다른 자세와 코어의 안정성이 자리하고 있다. 특히 부상 예방과 경기력 향상을 위한 코어 트레이닝은 필수 프로그램이다. 또한 자세 교정과 신체 정렬 루틴을 최우선 과제로 삼고, 막대한 시간과 노력(비용)을 아끼지 않는다.

르브론의 경우, 이러한 꾸준한 노력이 구체적인 성과로 이어졌다. 그는 2024년 파리 올림픽에서 미국 농구 국가대표팀, 이른바 '드림팀'을 이끌며 자국에 금메달을 안겼다. 더 나아가 2025년, 마흔의 나이에 자신의 아들과 같은 팀에서 함께 경기에 출전하는 놀라운 자기관리 능력을 보여주었다. 그는 통산 네 차례 팀을 우승으로 이끌었고, 정규시즌과 파이널 최우수선수 MVP상을 각각 네 차례 수상하며, 20년이 넘는 경력을 통해 NBA 역사상 가장 위대한 선수 중 한 명으로 평가받고 있다.

토푸리아는 UFC 종합격투기 선수로서 동 체급 대비 작은 신장과 평균 수준의 체격을 가졌지만, 강력한 코어와 운동 수행 능력을 바탕으로 화끈한 경기를 펼친다. 그는 빠른 복싱 콤비네이션 실력, 동급 최강 펀치력, 상대의 거친 공격과 태클을 받아내는 신체 안정성과 내구성을 무기로 2024년 페더급 챔피언에 등극했다. 최근에는 체중을 증량하여 세계 최강자들이 즐비한 라이트급 챔피언 타이틀까지 획득, UFC 통산 10번째로 2체급을 석권한 무패의 챔피언이 되면서 종합격투기의 새로운 역사를 써 내려가고 있다.

2023년 유럽스포츠과학회는 중립 척추를 유지하는 사람의 부상 위험이 37% 낮다고 보고했다. 이처럼 척추의 정렬은 단순한 체형의 문제가 아니라, 몸의 안정성과 회복력을 결정짓는 핵심 변수다. 같은 맥락에서 미국의학협회 JAMA 는 하루 6시간 이상 앉아 있는 성인의 조기 사망 위험이 19% 높다고 지적했다. 장시간의 좌식 생활은 신체 대사와 혈류 순환을 방해하고, 결국 몸의 노화를 가속시킨다. 또한 세계보건기구 WHO 는 잘못된 자세와 신체 활동 부족이 매년 전 세계 사망 원인의 약 6%를 차지하며, 성인의 28%가 권장 운동 기준을 충족하지 못한다고 발표했다.

이 모든 보고는 하나의 메시지를 전한다.

바른 자세는 신체의 안정성을 높이고, 오랫동안 최고의 성과를 유지하게 하는 숨은 일등공신이라는 것이다.

『Frontiers in Physiology』와 『Frontiers in Psychology』가 진행한 최신 스포츠 과학 연구에서 사격, 양궁, 체조, 축구, 테니스, 배드민턴, 골프, 야구 등 선수들에게서 공통적으로 자세 안정성이 경기력에 직접적인 영향을 미친다고 보고되었다. 숙련된 선수일수록 자세 수행 능력이 뛰어나며, 이는 경기력과 정서 안정, 집중력 향상으로 연결된다.

다음은 자세 안정성과 경기력의 관계에 대한 스포츠 연구 결과의 예시를 한번 살펴보자.

- 사격: 사격 선수들은 자세 안정성과 총기 고정 능력이 경기력에 직접적인 영향을 미친다.
- 양궁: 훈련된 양궁 선수들은 활을 쏘기 전에 자세 조정을 통해 자세 안정성을 유지하며, 이는 경기력 향상에 기여한다.

- ⏱ 체조: 체조 선수들은 정적 및 동적 자세 안정성을 통해 복잡한 동작을 수행하며, 이는 경기력과 정서 안정에 긍정적인 영향을 미친다.
- ⏱ 축구 및 팀 스포츠: 축구, 농구, 하키 등 팀 스포츠에서는 자세 안정성이 경기 중 균형 유지와 빠른 반응에 중요하며, 이는 경기력 향상으로 이어진다.
- ⏱ 배드민턴: 엘리트 배드민턴 선수들의 경우, 자세 안정성이 높을수록 경기 순위가 높다.
- ⏱ 골프 및 야구: 골프와 야구 선수들은 자세 안정성과 코어 안정성이 스윙과 투구 등의 기술 수행에 중요하다.
- ⏱ 사이클링 및 러닝: 사이클링과 러닝에서는 자세 안정성이 효율적인 움직임과 부상 예방에 기여한다.
- ⏱ 스노보드: 스노보드 선수들은 자세 안정성을 통해 균형을 유지하며, 이는 경기력 향상에 중요하다.

이제 내가 속한 기업의 연구소에서 진행한 2건의 연구를 잠시 소개하겠다.

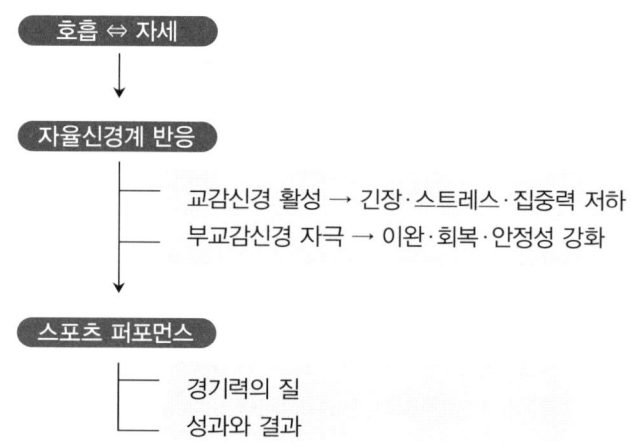

바른 자세 교정 의류가 청소년 수영선수와 대학 골퍼의 성장 및 운동 수행에 미치는 효과

첫 번째 연구 프로젝트는 ㈜슬리밍고그룹 바른자세습관연구소와 ㈙국제바른자세습관지도사협회에서 진행한 "중체 코어 지지 효과와 상체 거북목, 굽은 등 교정 효과가 있는 압박 의류 제품이 엘리트 수영선수의 키 성장과 체형에 미치는 영향"에 관한 연구이다. 이 연구는 강원도 수영협회 소속 만 8세에서 17세 사이의 남녀 초등학교 수영선수를 대상으로 진행되었다.

연구진은 바른 자세를 유지할 수 있도록 돕는 교정 의류를 착용하고 3주간 생활한 학생 선수 집단과 평소대로 생활하며 바른 자세 교정을 하지 않은 학생 선수 집단을 비교하였다. 그 결과 바른 자세를 의도적으로 습관화해 생활한 학생 선수 집단에서 키 성장과 신체 발달 부문에서 유의미한 변화가 확인되었다.

하루 평균 8~20시간 동안 교정 의류를 착용하며 바른 자세를 유지한 학생들에게서는 특히 두드러진 변화가 관찰되었다. 바른 자세가 척수 신경을 따라 흐르는 생체 전기신호의 순환을 원활하게 해주어, 뇌와 몸 사이의 소통이 막힘없이 이루어진 덕분이다. 이러한 신경 전달의 활성화는 신진대사를 촉진하고, 결과적으로 성장 과정 전반에 긍정적인 영향을 미친 것으로 보인다.

두 번째 연구 프로젝트는 ㈜슬리밍고그룹 바른자세습관연구소와 건국대학교 글로컬산학협력단이 공동으로 진행한 "자세 교정용 입는 바른 자세 의류가 골프 자세와 운동에 미치는 효과성 검증" 연구이다.

이 연구는 대학 남녀 골퍼들을 대상으로 바른 자세 교정 의류를 6주간 착용하게 하고, 그 효과를 분석하였다. 그 결과, 교정 의류는 드라이버 스윙 시 무릎과 고관절, 골반의 정렬을 유지하는 데 기여하였으며, 이를 통해 클럽 헤드의 운동이 개인의 스윙 플레인에 더 근접하게 하였다. 이러한 변화는 드라이버 스윙의 일관성과 정확성을 높이는 데 도움이 되었고, 임팩트 이후 볼의 궤적에서 좌·우 편차 범위를 줄이는 효과로 이어졌다. 연구진은 결국 바른 자세 교정 의류가 골프 스윙의 정밀성과 안정성을 향상시키는 데 실질적인 기여를 한다는 결론을 얻어냈다.

이처럼 WHO, JAMA, 그리고 최신 스포츠 과학 연구와 현장의 실제 사례까지, 모든 증거는 '바른 자세가 곧 스포츠 분야에서 성과와 성장의 필수 요소'임을 보여준다. 안정적인 자세 유지는 신체 효율을 높이고 경기력을 극대화하는, 최정상 선수들을 평범한 선수들과 구별 짓는 결정적 요인이다.

아주 미세한 차이가 곧 메달과 연봉의 격차로 이어지는 스포츠 세계에서, 최고의 성과는 결국 남다른 자세에서 판가름 난다.

회의·협상·프레젠테이션에서의 자세 전략

회의나 발표, 협상에서 성공한 리더일수록 바른 자세의 가치를 더 깊이 인식한다. 『MIT Sloan Management Review』는 바른 자세가 조직 내 설득력과 영향력의 토대임을 밝혔으며, 글로벌 리더 교육에서는 "말보다 먼저 바디 포지셔닝 body positioning "이라는 원칙을 가르친다. 이처럼 자세는 '심리적 리더십'과 '전략적 사고력'의 바탕이 된다. 실제 업무 현장에서 회의나 발표, 협상의 성패는 자세가 주는 첫인상에 달려 있다고 해도 과언이 아니다.

바르고 당당한 자세는 신뢰, 자제력, 몰입력, 그리고 전략적 사고를 드러내는 무형의 자산이다. 외형을 가꾸는 시대를 지나, 이제는 내면의 정렬이 성과와 수익 구조의 기반이 되는 시대다.

부정할 수 없는 사실은, 오늘날 우리는 자세로 구분되는 시대를 살고 있다는 점이다. 자세의 격차가 곧 삶의 격차로, 더 나아가 소득의 격차로 이어진다. 당신의 현재 자세는 미래의 수익 구조와 에너지 총량을 결정짓는 가장 조용하지만 강력한 치트키[26]가 된다.

---

26) 비디오 게임에서 숨겨진 단축키나 특수 커맨드를 의미하며, 은유적으로는 일상 생활이

토니 로빈스의 프라이밍 루틴 사례

앞서 포스 퍼포머로 소개한 토니 로빈스는 세계적인 베스트 셀러 『내 안의 잠자는 거인을 깨워라 Awaken the Giant Within, 1991』의 저자로 매일 아침 10분간 자신만의 루틴인 '프라이밍 priming 을 실천한다. 그는 이것을 단순한 명상이 아니라, 자세·호흡·감정·의도를 동시에 정렬하는 자기 활성화 루틴이라고 강조한다.

그의 프라이밍 루틴은 다음과 같은 흐름으로 진행된다.

① 바른 자세 정렬 후 앉기: 척추를 곧게 세운 채 의자에 앉아 깊게 숨을 들이마시며 집중력을 끌어올린다. 그는 이 순간 "자세가 신호다. 나는 지금 깨어 있다"는 메시지를 몸에 각인시킨다.
② 강력한 복식호흡 30회: 어깨가 아닌 배를 활용해 리듬감 있게 호흡하며, 온몸에 산소를 활성화한다.
③ 감사의 시각화: 감사할 수 있는 세 가지 장면을 떠올리며, 곧은 자세를 유지한다. 이 과정은 신경계를 안정시키고 긍정적인 정서를 강화한다.
④ 삶의 목표 선언: 바르게 선 상태에서 "나는 내 삶의 운전석에 있다"는 신념을 되새기며 하루를 시작한다.

나 직업적 맥락에서 빠른 지름길·비밀 무기로 확장 사용된다.

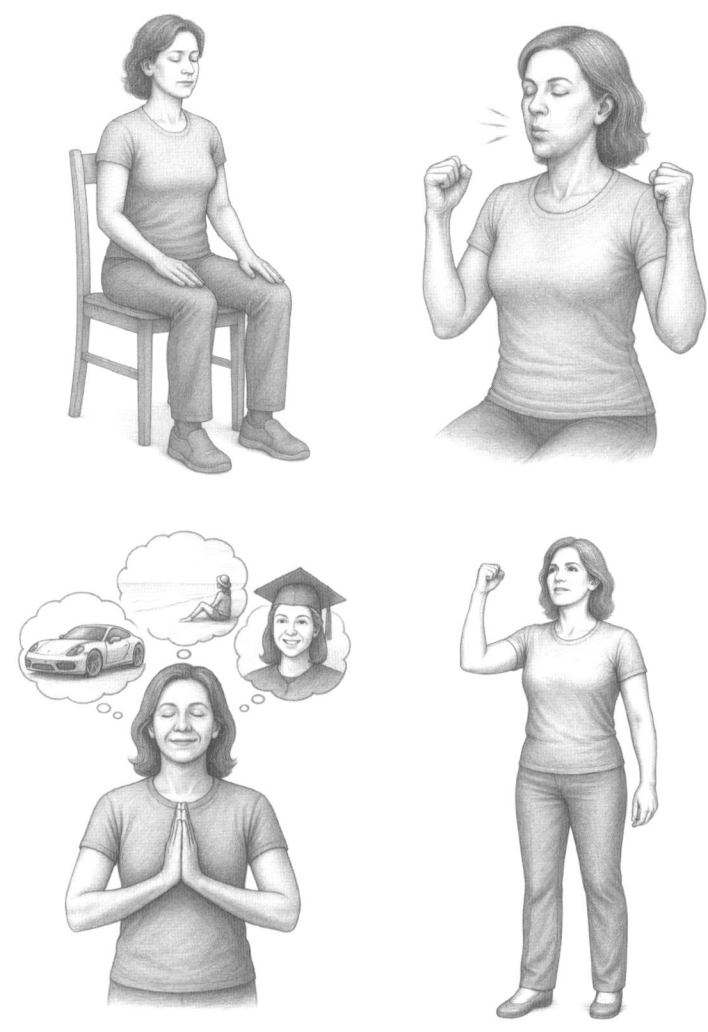

　이처럼 로빈스의 루틴은 단순한 정신 훈련이 아니라, 자세와 호흡이 감정과 목표의 방향을 동시에 정렬시키는 강력한 도구다. 당신 역시 이 단계를 참고해 자신만의 루틴을 설계한다면, 매일의 시작이 전혀 다른 에너지로 채워질 것이다.

직장인과 학생을 위한 실전 자세 루틴 전략

앞서 살펴본 포스 퍼포머들의 루틴이 다소 어색하고, 멀게 느껴질 수도 있다. 그러나 평상시 머무는 곳에서 우리는 보다 쉽고 간단하게 '자세 정렬 루틴'을 실천할 수 있다.

가장 중요한 것은 의식적인 '자가 자세 인식 훈련 self-directed posture recognition practice 이다. 디지털 기기 사용 시 화면 높이 조정, 눈높이 기준 맞추기, 일정 시간마다 스트레칭하기 등 사소한 루틴이지만, 장기적으로는 집중력과 체력에 큰 차이를 만든다. 일부 글로벌 기업들은 직원 웰니스 프로그램에 자세 피드백 시스템을 시도하며, 바른 자세가 생산성과 몰입도를 높이는 데 기여한다고 본다.

여기서 또 하나 주목할 개념은 디지털 디톡스 digital detox 다. 스마트폰, 컴퓨터, SNS, 인터넷 등 디지털 기기와 정보를 일정 시간 단절하고, 심리적·신체적 균형을 회복하는 현대인의 자율적 휴식을 의미한다. 너무 많은 시간 디지털 기기를 사용하면서 오히려 득보다 실이 많은 삶을 경험하는 사례도 증가하는 추세다. 무엇이든 과하면 해가 되는 법이다. 이 디지털 디톡스를 바른 자세 실천과 함께 하면 아주 좋은 건강 습관이자 삶을 개선하는 핵심 시스템이 될 수 있다.

내가 제안하는 바른 자세 실천을 위한 가장 현실적인 전략은 아주 쉽고 사소한 일을 일상에 녹여내는 것이다. 예를 들면 디지털 기기 사용 시 간단한 타이머 설정, 화면 높이 조정, 엉덩이 뒤로 밀착해 앉기, 쉬는 시간 알람 설정 후 스트레칭 등 누구나 당장 실행할 수 있는 일을 습관화하는 것부터 출발한다. 결국 디지털 기술이 지배하는 시대일수록 몸을 돌보는 원리는 역설적으로 더욱 아날로그적이어야 한다.

실제 사례로, 미국의 대학생 앨리슨 J.는 3주간 스마트폰 사용을 하루 3시간 이하로 제한하고, 매일 15분의 자세 정렬 루틴을 병행한 결과, 만성 두통이 사라지고 집중력과 수면의 질이 향상되었다고 보고했다. 해당 경험은 그녀가 온라인에 공유한 'Posture Reset Challenge'를 통해 수천 명의 참여로 확산되었고, 이를 계기로 일부 대학에서는 자세 인식 프로그램을 학생 복지에 반영하기 시작했다. 이처럼 '디지털 디톡스와 자세 정렬 루틴'의 조합은 단순한 습관 개선이 아닌, 삶의 질을 바꾸는 현명한 전략이 될 수 있다. 핵심은 거창한 프로그램이 아니다. 지금 당장 실행 가능한 작은 행동이야말로 최고의 실천전략이다.

혹시 '도미노 효과'를 들어본 적 있는가? 작은 도미노 하나가 자기보다 1.5배 큰 도미노를 쓰러뜨리고, 그 연쇄가 이어지면 손톱만 한 도미노가 결국 상상조차 할 수 없는 거대한 도미노까지 무너뜨린다. 실제 계산으로도 증명된다. 높이 5mm짜리 작은 도미노에서 시작해 1.5배씩 커진다고 가정하면, 29번째 도미노는 무려 자유의 여신상 93m 크기에 이른다. 더 나아가 57번째 도미노는 지구와 달 사이 거리 384,000km에 맞먹는 규모에 도달한다.

작은 힘의 누적은 이처럼 거대한 변화를 만든다. 바른 자세도 마찬가지다. 처음에는 단순히 앉고 서고 움직이는 습관, 그리고 호흡 하나의 선택일 뿐이지만, 그 작은 힘이 차곡차곡 쌓여 결국 삶 전체를 뒤바꾸는 성과로 확장된다.

  지금 이 순간의 바른 자세 실천, 그것이 바로 당신 인생을 새롭게 재설계하는 도미노 효과의 첫 번째 조각이다.

포스 퍼포머 실천 7계명 요약

01 질서(Order)
무질서한 삶에 질서를 부여하라. 작은 정리가 큰 변화를 만든다.

02 규율(Discipline)
자신과의 규칙을 세우고 지켜라. 약속을 지키는 힘이 곧 자기 신뢰다.

03 목적(Purpose)
어떤 삶과 가치가 우선인지 분명히 하라. '왜'가 분명할수록 '어떻게'는 자연스럽게 따라온다.

04 책임(Responsibility)
오늘의 일은 오늘 마쳐라. 책임은 자존감의 근육을 단단히 세우는 일상의 훈련이다.

05 영감(Inspiration)
영감은 기다리는 것이 아니라 행동 속에서 깨어난다. 떠오른 순간, 즉시 움직여라.

※ 자세한 내용은 258페이지 '포스 퍼포머 실천 7계명 핵심 해설'을 참고하여, 실제 루틴으로 실천해보자.

06 실행(Execution)
목표는 숫자와 기한으로 말하라. 목표의 존재 목적은 행동이며, 행동은 결심보다 강하고, 설계된 실행이 성과를 만든다.

07 긍정(Positivity)
매일 감사하며 모든 상황을 긍정으로 해석하라. 태도가 운명을 바꾼다.

■ Life pose Insight / 포스 퍼포머의 과학적 공명

계명 항목	연관 연구	핵심 메시지
1. 질서 (Order)	Gardner (2012), Singh (2024)	반복과 일관된 맥락이 없는 습관은 형성되기 어렵다. 작은 정리가 큰 인지 에너지를 절약한다.
2. 규율 (Discipline)	Gollwitzer (1999, 2006), Duckworth (2013)	'If–Then' 실행계획은 자기통제를 자동화한다. 꾸준함은 의지보다 구조에서 나온다.
3. 목적 (Purpose)	NTNU (2024) Dweck (2017)	성장 마인드셋은 피로보다 동기를 앞세운다. 명확한 목표는 집중과 행동의 방향을 결정한다.
4. 책임 (Responsibility)	DeSteno (2016), Lerner (2019)	책임감은 스트레스 상황에서 자기조절력을 높이며, 타인과의 신뢰를 강화한다.
5. 영감 (Inspiration)	Thrash & Elliot (2003), Oleynick (2014)	영감은 행동을 점화시키는 감정적 에너지다. '행동으로 전환된 영감'만이 창조로 이어진다.
6. 실행 (Execution)	Locke & Latham (2019), Baumeister (2022)	목표는 숫자와 기한으로 정의할 때 현실이 된다. 구체적 계획은 뇌의 전전두엽 활성과 성취율을 높인다.
7. 긍정 (Positivity)	Fredrickson (2001), Diniz (2023)	긍정 정서는 신경 회복력과 회복탄력성을 높여 행복감을 증대시킨다.

※ 이 인사이트는 포스 퍼포머 철학이 단순한 자기계발이 아닌, 인간이 성장하도록 설계된 내재적 시스템임을 보여준다.

CHAPTER 4

성과를 내는 자세는 감정과 습관을 지배한다

감정이 먼저냐 자세가 먼저냐

> 기분이 나쁠수록, 등을 펴라. 자세가 기분을 이긴다.
> — 에이미 커디 (Amy Cuddy, TEDGlobal, 2012)

대한민국은 세계 10위권 경제 대국이지만, 국민 행복지수에서는 늘 하위권이다. 2024년 세계행복보고서 World Happiness Report 에 따르면 한국은 137개국 중 57위에 머물렀다. GDP, 교육 수준, IT 인프라는 세계 최고지만, 정작 "나는 행복하다"고 말하는 사람은 많지 않다. 왜일까?

그 이유 중 하나는 감정의 흐름이 막혀 있기 때문이다. 그리고 그 단서는 의외로 가장 단순한 신체 상태, 즉 '자세'에서 시작된다. 우리는 흔히 감정이 먼저이고 자세는 그에 따라 변한다고 생각한다. 그러나 최신 심리학과 생리학 연구는 이 순서를 뒤집는다. 몸이 굽으면 마음이 위축되고, 신체 에너지의 흐름마저 약해진다. 어깨가 둥글게 말리고 시선이 아래로 떨어진 채 오래 있으면, 뇌는 그 자세를 '슬픔'이나 '무기력'으로 해석한다.

통증이 있으면 표정이 굳고, 움직임은 경직된다. 바른 자세와 통증 없는 몸은 건강과 매력의 반석이다. 그리고 이는 마음속 감정과 얼굴의 인상 모두에 깊게 스며든다.

자세는 감정의 거울이다. 우울하거나 불안한 사람은 어깨가 축 처지고 시선이 아래로 향한다. 반대로 자신감 있는 사람은 어깨를 펴고 시선을 정면으로 향한다. 감정은 몸에 드러나고, 몸은 곧 감정을 반영하기 때문이다.

하버드대 사회심리학자 에이미 커디 Amy Cuddy 는 청소년을 대상으로 한 연구에서 구부정한 자세를 가진 학생일수록 우울감과 회피 행동이 두드러지고, 자기효능감은 현저히 낮았다고 보고했다. 작은 자세의 차이가 마음의 에너지와 사고방식까지 바꾼 것이다.

이는 장시간 앉아 공부를 강요받는 한국 사회의 구조적 어두움이 드러나는 단면이기도 하다. 대한민국은 특히 '경쟁과 성취 제일주의' 문화에 깊이 물들어 있다. 늘 무언가를 이루기 위해 고개를 숙이고, 어깨를 웅크린 채 등을 굽히며, 몸을 긴장시킨 자세로 살아간다. 그러나 정작 몸을 제대로 펴고, 스스로에게 "잘하고 있다."라고 격려해줄 기회는 거의 없다.

우리는 이제 질문해야 한다.

"나는 어떤 몸의 언어로 나를 표현하고 있는가?"

이 물음이 바로 '체화인지 embodied cognition '의 출발점이다. 자세가 감정을 만들고, 감정이 삶의 질을 결정한다면 지금 이 순간, 우리는 바른 자세로 정서의 균형을 회복할 수 있지 않을까?

행복은 그리 멀리 있지 않다. 몸을 바르게 세우는 순간, 마음도 함께 일어선다. 대한민국의 행복지수를 높이는 첫걸음은 거창한 정책이 아니라, 한 사람 한 사람이 자신의 자세를 회복하는 것에서 시작된다.

체화 인지와 스트레스 완화 효과

앞에서 이미 몇 차례 다룬 체화 인지 embodied cognition 는 최근 AI와 로봇공학, 신경과학, 심리학 등 다양한 분야에서 주목받고 있는 핵심 개념이다. 체화 인지란 인간의 사고와 감정, 행동이 단순히 뇌의 작용만으로 결정되는 것이 아니라, 몸 전체의 경험과 깊이 연결되어 있다는 이론이다. 다시 말해, 우리의 자세와 움직임은 곧 인지와 감정, 나아가 삶의 방향을 형성한다. 이 때문에 다양한 연구와 결합 시도가 이어지고 있다.

그 대표적인 사례로 국내 연구자 최우열의 「바른 자세 운동이 감정노동자의 심리적 건강에 미치는 영향: 체화 인지적 접근」 2016 은 이를 잘 보여준다. 이 연구의 핵심은, 자세가 감정 상태와 인지 능력에 직접적인 영향을 미친다는 사실을 다시 한 번 입증했다는 점이다. 이는 자세가 행동 경험으로써 내면과 정서를 지탱하는 심리적 토대임을 시사한다.

이와 같은 맥락은 종교적·철학적 전통에서도 오래전부터 강조되어 왔다. 신약 성경 로마서 12장 1절은 "너희 몸을 하나님이 기뻐하시는 거룩한 산 제물로 드리라"고 기록한다. 이는 몸의 태도와 자세가 단순한 육체적 표현이 아니라, 마음과 영혼의 방향까지 드러낸다는 깊은 통찰이다. 곧, 바른 자세는 몸의 정렬을 통해 내적 회복과 영적 균형을 동시에 가능케 하는, 일종의 '생활 예배 행동경험'인 셈이다.

현대 연구들도 동일한 메시지를 전한다. 감정노동 종사자를 대상으로 한 연구들은 바른 자세 유지가 스트레스 대응 능력과 감정 표현의 질을 향상시킨다고 보고한다.

반대로, 잘못된 자세는 만성 스트레스와 우울, 불안 등을 심화시킨다. 심지어 심혈관 질환, 뇌졸중, 암과 같은 주요 질환의 위험 요인에도 자세의 붕괴가 깊게 관여한다는 사실이 속속 밝혀지고 있다. 결국 바른 자세는 이러한 만성 스트레스를 완화하는 데 효과가 있다.

따라서 직장인·감정 노동자들이 일상에서 바른 자세를 실천하는 루틴을 시스템적으로 정착시키고, 행동경험으로 누적하면, 근로 의욕과 업무 성과를 동시에 향상시키는 긍정적인 효과를 기대할 수 있지 않을까? 단순히 건강을 지키는 수준을 넘어 업무 몰입, 감정 회복, 인간관계, 삶의 질 향상까지 확장될 수 있다. 바른 자세는 단순한 몸의 습관이 아니다. 그것은 마음을 안정시키고, 관계를 조화롭게 하며, 영혼을 일으키는 하나의 삶의 기술이다.

▎감정 회복을 위한 자세 정렬 루틴(하루 9분 실천법)

바른 자세와 호흡은 단순히 몸을 곧게 세우고 숨을 쉬는 차원을 넘어, 감정을 다스리고 스트레스를 완화하며 심리적 회복탄력성을 기르는 핵심 습관이다. 자세는 뇌와 신경계, 그리고 감정의 흐름과 긴밀히 연결되어 있어, 자신을 긍정적으로 바라보는 힘—즉, 자존감을 강화한다.

감정 조절 루틴은 곧 셀프 자세 교정의 기본기다. 누구나 '포스 퍼포머'가 될 수 있으며, 흔들리지 않는 자세와 태도를 갖추기 위해서는 언제 어디서나 쉽고 가볍게 실천할 수 있는 작은 습관부터 시작해야 한다.

이를 위해 다음과 같은 3단계 루틴을 제안한다.

① 마음 정돈 호흡(3분): 등을 곧게 펴고 눈을 감은 채 4초 들이쉬고 6초 내쉬는 복식호흡
② 어깨 활짝 펴기 스트레칭(3분): 양손을 깍지 끼고 가슴을 활짝 연 채 팔을 천천히 올림
③ 자신감 워킹 연습(3분): 등을 세우고 복부에 힘을 주며 정면을 보며 걷기 연습

이 간단하며 단순한 루틴만으로도 자세와 감정은 다시 균형을 찾고, 스스로를 지탱하는 내구성이 생긴다.

별보다 빛나는 K-Pop 아이돌과 스포츠 선수의 바른 자세 루틴

한류 열풍의 중심에는 무대 위에서 별보다 빛나는 K-Pop 아이돌과 세계 최고의 무대에서 활약하는 스포츠 선수들이 있다. 하지만 타고난 재능만으로 '스타'가 될 수는 없다. 앞서 Chapter 3에서 살펴봤듯이, 일반인과 최상위 성과자들의 차이는 대부분 후천적인 루틴과 습관에서 비롯된다. 이 원리는 K-Pop 아이돌과 스포츠 선수들 역시 마찬가지다.

연예인의 연예인, 스타의 스타라 불리는 이들조차 바른 자세와 안정된 체형 정렬을 위해 의식적인 관리와 꾸준한 루틴을 이어간다. 하루 두세 번의 작은 동작이라도 같은 시간, 같은 방식으로 반복하면 몸은 그 패턴을 기억한다. 처음엔 의식하며 했던 움직임이 어느새 무의식적

습관이 되고, 그 습관은 근육과 관절, 뼈 그리고 뇌의 신경세포조직의 배열을 서서히 바꾼다. 몸과 마음은 이렇게 매일 조금씩 재설계된다. 이는 곧 Part 3에서 다룰 '마인드셋과 뇌 가소성'의 본질과 맞닿아 있다.

운동선수와 아티스트에게서 가장 두드러지는 특징은 단순한 근육의 단련이 아니라, 신체의 정렬과 심리적 균형의 완성에 모든 루틴을 맞춘다는 점이다. 이 탄탄한 기본기로 인해 그들은 무대 위와 경기장에서 흔들림 없는 최고의 퍼포먼스를 만들어낸다.

K-Pop 아이돌들은 숨 가쁜 스케줄 속에서도 아름다움과 퍼포먼스를 지키는 루틴을 꼬박꼬박 지켜낸다. 화려한 무대 뒤에는 하루도 거르지 않는 뼈와 근육 정렬 훈련이 숨어 있다. 수천, 수만 명의 시선을 받으며 춤과 노래를 완벽히 소화하려면, 단순한 근력이나 유연성 이상의 '중심 안정성'이 필요하다. 그 핵심이 바로 코어 근육 강화이며, 이는 몸의 균형을 단련함과 동시에 심리적 안정감까지 지탱해주는 자세 정렬의 비밀이다.

그렇다면, 이 비밀을 가장 잘 보여주는 사례는 누구일까?

르세라핌의 카즈하는 데뷔 전까지 15년 동안 발레를 수련했다. 발레가 체간[27] 안정과 관절 정렬 감각을 길러줬고, 지금 무대 위에서 보여주는 균형 잡힌 라인의 핵심이 됐다.

---

27) 체간(體幹): 머리와 팔·다리를 제외한 몸통 부분을 가리키며, 척추·골반·흉곽이 포함된다. 흔히 말하는 코어(core) 영역으로, 신체의 중심을 지탱하고 균형과 안정성을 유지하는 핵심 구조다.

트와이스의 미나도 약 11년간 발레를 했다. 동료 멤버들이 "서 있을 때부터 꼿꼿하다"고 말할 정도로, 오랜 습관이 몸에 배어 있다.

"평소 자세가 바르다"는 말을 자주 듣는 AOA 설현은 방송에서 반동 없이 정자세로 턱걸이를 하는 영상이 공개되며 화제가 되었다. 그녀의 동작은 마치 운동 자세의 교본을 보여주는 듯이 정확했다. 설현의 완벽한 턱걸이 뒤에는 강력한 코어 근육이 자리하고 있음을 확인할 수 있다.

남자 아이돌 중에서는 BTS 정국이 대표적이다. 그는 예능 '달려라 방탄'에서 스쿼트·플랭크·버피 테스트를 포함한 10가지 맨몸 운동 루틴을 공개했다. 이 루틴은 코어를 단단하게 만들고, 상·하체의 균형을 유지하는 데 직접적인 도움이 된다.

'황소'라는 별명으로 잘 알려진 축구 국가대표 선수 황희찬은 MBC 예능 〈나 혼자 산다〉에 출연해 바쁜 시즌 중에도 코어 강화 훈련 core training, 밸런스 훈련 balance training, 스프린트 훈련 sprint training 을 포함한 루틴을 꾸준히 실천한다고 밝혔다. 그에게 있어 경기장에서 순간 폭발력과 방향 전환 속도를 유지하기 위해, 매일 아침 코어를 중심으로 몸의 정렬 상태를 점검하고 강화하는 것은 필수다. 이는 아이돌이 무대 전후로 코어를 정렬해 흔들림 없는 퍼포먼스를 완성하는 과정과 다르지 않다. 코어 근육의 강화는 분야를 막론하고 부상을 예방할 뿐 아니라, 신체의 수명을 연장해 오래도록 현역으로 활약할 수 있게 하는 든든한 버팀목이 된다.

아이돌 5인의 자세 정렬 루틴(실천 가이드)

K-Pop 아이돌들은 바쁜 스케줄 속에서도 체형과 퍼포먼스를 지키는 자신만의 루틴을 절대 빼놓지 않는다. 팬들이 보는 화려한 무대 뒤에는, 하루도 빠짐없이 이어가는 뼈와 근육 정렬 훈련이 숨어 있다. 지금부터 소개하는 루틴은 그들이 실제로 실천하는 방법이다. 이 중 하나만 꾸준히 따라 해도, 몸의 변화는 반드시 시작된다.

♦ 1. 르세라핌 카즈하 - 발레 기반 정렬 루틴

공개 근거: Weverse Magazine 인터뷰, 15년 발레 수련 경험
실천 루틴(5분)

① 플리에(Plie) - 무릎과 발끝을 같은 방향으로, 척추를 곧게 세운 상태에서 10회

② 아라베스크 홀드(Arabesque Hold) - 한 다리를 뒤로 들어 올리고 상체는 곧게, 15~20초 유지 × 양쪽

③ 발끝 포인·플렉스(Toe Point/Flex) – 앉아
서 발목을 전·후로 천천히 20회
→ 효과: 하체·척추 정렬, 골반 균형, 하체
근육과 코어 강화

◆ 2. 트와이스 미나 – 발레 스트레칭 루틴

공개 근거: 팬 질문 Q&A, 11년 발레 경력

실천 루틴(5분)

① 사이드 밴드 스트레칭 – 다리를 벌리고 상
체를 옆으로 숙여 측면 라인 늘리기, 15초
× 양쪽

② 턴아웃 스쿼트 – 발끝을 45도 바깥으로,
무릎·발끝 방향 일치, 10회

③ 차일드 포즈(Child Pose) - 무릎 꿇고 상체 숙여 30초
   → 효과: 측면·하체 유연성, 허리 긴장 완화, 자세 유지 근육 강화

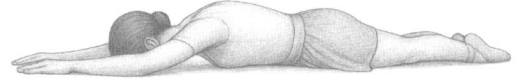

♦ 3. 블랙핑크 제니 – 필라테스 코어 루틴

공개 근거: 중앙일보 등 국내 보도, 기구 필라테스 영상 공개
실천 루틴(5~7분, 무기구 버전)

① 플랭크 변형(Shoulder Tap) -
   20초 유지 후 양손 번갈아 어깨
   터치 10회

② 브리지(Bridge) - 누워서 무릎
   90도, 엉덩이 들어 올리고 5초
   유지 × 10회

③ 슈퍼맨(Superman) - 엎드려 팔·다리 들어올리기 15초 × 3회
   → 효과: 코어 안정, 견갑대 정렬, 허리·어깨 균형

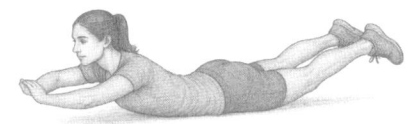

◆ 4. AOA 설현 – 턱걸이·상체 정렬 루틴

공개 근거: JTBC '겟잇뷰티' 발언, 뉴스엔 보도(정자세 턱걸이)
실천 루틴(5분, 밴드 보조 가능)

① 라텍스 밴드 풀아파트(Band Pull Apart) – 어깨너 비 그립, 15회

② 인버티드 로우(Inverted Row) – 바 또는 테이블 가장자리를 잡고 몸 당기기, 8~10회

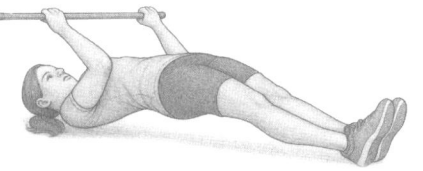

③ 월 슬라이드(Wall Slide) – 벽에 등을 대고 팔을 'W'→'Y'로 천천히 올리기, 10회
  → 효과: 어깨 후인·하강, 등·승모근 안정, 상체 곧게 세우기

◆ 5. BTS 정국 – 맨몸 코어·전신 루틴

공개 근거: '달려라 방탄' 방송 공개 루틴(스쿼트 · 푸시업 · 플랭크 등)
실천 루틴(6~8분)

① 스쿼트 – 발 어깨너비, 무릎·발끝 같은 방향, 15회

② 푸시업 – 허리·목 일직선 유지, 10회(무릎 대고 변형 가능)

③ 마운틴 클라이머(Mountain Climber)
  – 코어 고정, 양발 교차 해가며 20회
    (속도로 강도 조절.)

④ 플랭크 – 20~30초 유지
  → 효과: 전신 근력·코어 강화, 하체·상체 균형, 체형 유지

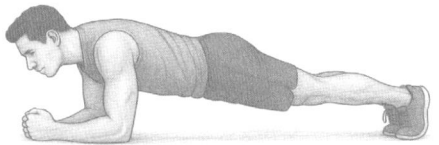

루틴 활용 방법

① 주 3~4회 → 최소 4주 지속

② 순서: 스트레칭(미나·카즈하) → 코어·견갑대 안정(제니·설현) → 전신 강화(정국)

③ 각 동작 사이 휴식 20~30초 유지

④ 필요시 난이도 조절: 횟수·시간 절반으로 시작 후 서서히 증가

TIP. 완벽한 동작보다 중요한 것은 '나에게 맞는 루틴'을 찾아가는 과정이다. 처음부터 완벽할 필요는 없다. 일단 시작하고, 세부 동작은 몸이 익숙해질 때 자연스럽게 조정하면 된다.

무대 위든 일상이든, 이들의 바른 자세는 하루아침에 만들어진 것이 아니다. 그들은 꾸준한 훈련을 통해 균형 잡힌 체형과 안정된 중심을 세우며, 남들보다 돋보이고 빛나는 아우라를 만들어왔다. 그래서 같은 동작도 더 섬세하고, 매력적으로 표현된다. 뼈와 근육의 정렬이 하루하루 쌓여 건강한 자신감이 어우러질 때, 최상의 퍼포먼스로 이어진다. 화려한 조명 속에서 그들이 별보다 더 빛나는 이유가 바로 여기에 있다.

당신의 삶도 다르지 않다. 자신에게 가장 어울리는 루틴을 하나씩 찾아가다 보면, 어느새 인생에서 가장 빛나는 순간을 자연스럽게 맞이하게 될 것이다.

변화, 반복 가능한 시스템 구축이 먼저다

변화라는 단어 자체는 익숙하다. 하지만 정작 개인이나 조직, 더 나아가 국가가 이를 실천하기란 어렵고 고통스러운 과정이다. 오죽하면 환골탈태 換骨奪胎, 보다 나은 방향으로 변하여 전혀 다른 사람처럼 된다는 의미 라는 사자성어가 이를 뒷받침하겠는가?

그래서일까. 누구나 변화를 말하고 원하지만, 실제로 변화하는 사람은 많지 않다. 행동하는 20%의 소수가 변화에 성공하며, 그중에서도 지속하는 극소수만이 변화를 유지하고 더 성장한다. 결국 변화의 첫 전제는 행동이다.

"행동이 먼저일 때 감정은 그 행동을 따라 변한다."

우리는 흔히 동기를 부여받아야 행동할 수 있다고 생각한다. 그러나 동기부여는 그리 오래가지 않는다. 새로운 자극은 금세 사라지고, 점점 더 큰 자극을 요구하게 된다. 결국 동기부여가 사라지면 행동은 지속되지 못하고 멈추며, 이러한 악순환을 학습한 뇌는 마침내 동기부여라는 자극에도 전혀 미동조차 없게 된다.

그렇다면 변화는 불가능한 것일까? 그렇지 않다. 뇌가 감정을 통해 화학적 반응을 일으키기 전에, 지금 바로 자세를 고쳐보자. 감정보다 행동이 앞서면 감정은 행동을 닮아간다. 이것이 우리 몸의 과학이자 변화의 촉매 catalyst 다. 지금 바로 운동화를 신고 밖으로 나가자. 지금 바로 양치질을 시작하자. 지금 바로 목과 어깨를 가볍게 움직여 돌려보자. 이처럼 즉각적인 작은 실천이 당신의 감정을 자극하기 시작한다.

잘하려는 욕심을 버리고, 꾸준히 지속 반복하면 반드시 성장할 수 있다. 당장에 나타나는 극적인 변화를 기대하지 않으면 오히려 변화는 자연스럽게 찾아온다. 나이키의 슬로건처럼 'JUST DO IT, 그냥 하면 된다.'

꼭 기억하라. 변화는 성장을 통해 서서히 쌓이다가, 어느 임계점을 넘는 순간 극적으로 일어난다. 신경계의 변화 → 습관의 고정 → 무의식화의 과정을 거칠 때, 행동의 성공 여부는 단순하고 반복 가능한 시스템에 달려 있다.

뇌는 복잡하고 거창한 결심보다 단순하고 명료한 행동 루틴을 더 선호한다. 따라서 아래의 실천 지침은 뇌과학적으로도 가장 효율적인 루틴 구조이다.

- ✅ 매일 하루 9분 루틴 실천 체크표 작성: 반복을 통한 신경계 패턴 정착
- ✅ Before & After 셀프촬영: 뇌의 보상회로를 자극하는 시각적 피드백
- ✅ '나는 바른 자세로 전보다 더 젊고 건강하다' 선언 카드 작성: 행동을 언어화함으로써 무의식 각인

이 프로그램은 '신경과학적 습관 형성 원칙 Neuroscience-based Habit Formation Principle'에 기반한 가장 단순하면서도 과학적인 행동 루틴이다.

① 첫 3일: '주의 전환' 단계 – 스스로 자세를 인식하고 조절할 수 있는 감각을 회복한다.
② 다음 3주: '행동 각인' 단계 – 반복을 통해 새로운 정렬 방식을 몸과 뇌가 기억하게 된다.
③ 이후 3개월: '신경 회로화' 단계 – 자세가 무의식중에도 유지되는 자동 습관으로 전환된다.

매일 9분 3단계/3가지 동작 루틴 실천을 3일 반복, 3일 반복을 3주간 반복, 그리고 3주 반복을 3개월 루틴 프로그램으로 지속하다 보면 3.3.3 바른 자세 습관 시스템이 형성된다. 이 시스템은 Part 3에서 더 깊이 다루겠다.

결국 동기부여는 하기 싫은 무거운 감정에서 잠시 동안 작동한다. 그러나 가벼운 마음에서 시작된 호기심의 행동이 잦으면 습관으로 연결되며, 마침내 지속 가능한 시스템이 된다. 큰 그림에서 '라이프 포스'가 목적이라면, '포스 퍼포머'는 그 목적을 현실로 옮기는 목표다.

이것을 왜 하는지에 대한 명확한 목적 동기 과, 어떻게 바라볼 것인지에 대한 철학 관점 이 확립되면, 그다음은 어떤 존재가 될 것이며, 무엇을 어떻게 실천할 것인지에 대한 전략과 방법을 고민하게 된다. 현대 경영학의 구루 Guru, 산스크리트어로 '스승' 피터 드러커 Peter F. Drucker 가 『자기

경영노트』에서 강조한 것처럼, 누구나 목표 달성 능력을 훈련하면 반드시 성장할 수 있다.

일상에서 구축할 수 있는 코어셋 루틴 시스템

운동을 싫어하거나 바쁜 직장인들도 실천할 수 있도록, 실제 수강자들의 일상에서 구축된 자세 정렬 루틴 우리는 이를 일명 '코어셋 루틴'이라 부른다. 의 사례 몇 가지를 소개한다. 특정한 신호 Cue 나 사인 Signal 에 맞춰 행동과 결합하고 반복하는 아주 간단한 방법이니, 이제는 당신도 한번 가볍게 따라서 실천해 보길 권한다.

① 루틴 알람 습관(저자 직접 실천): 오전 11시, 오후 3시에 스마트폰 알람(신호/사인)을 설정해 1분간 벽 정렬 자세 유지. 허리가 꺾이지 않도록 복부와 엉덩이에 적절히 힘을 주고 정수리가 하늘에 닿는다는 생각으로 천천히 호흡을 조절(행동). 팀원들과 함께 매일 인증하며 실천율 유지. 집중할 때마다 수시로 실천하면 효과 상승.(반복)

② 의자 자세 리셋 루틴(직장인 A씨): 점심 직후(신호/사인) 의자에서 등받이 깊숙이 기대어 앉은 뒤, 양손을 머리 뒤로 깍지 낀 채 10초 유지.(행동) 목과 어깨의 긴장이 풀리며 오후 집중력 향상에 효과. 또 일정 기간 루틴이 적응되면 등받이 활용을 최소화하며 복부와 몸통, 엉덩이 주변의 긴장을 자연스레 유도하며 스스로 자세를 컨트롤하는 코어셋 루틴으로 확장.(반복)

③ 커피 타임 스트레칭(직장인 B씨): 커피(신호/사인)를 기다리는 1~2분 동안 벽 앞에 서서 발뒤꿈치, 엉덩이, 어깨, 머리를 벽에 붙이고 10회

복식호흡.(행동) 업무 중 틈새 시간을 활용해 자연스러운 루틴화 성공. (반복)

④ 회의 전 코어셋(IT회사 팀장 C씨): 회의실 입장 전(신호/사인) 30초간 복부에 힘을 주고 양 손바닥으로 복부를 강하게 15회~30회 두드리며 코어 근육을 활성화시킴.(행동) 어깨를 펴는 루틴을 팀원 전체가 실천. 발표력·집중도 향상 체감.(반복)

■ 코어셋 루틴 Before & After 사례

사례	Before	After
50대 여성, 골반 틀어짐	허리 통증, 복부 팽창, 자존감 저하	통증 완화, 복부 탄력 회복, 활력 증가
60대 남성, 거북목	수면장애, 어깨 통증	깊은 수면 회복, 피로감 및 통증 감소
40대 직장인, 좌우 체형 불균형.	집중력 저하, 만성피로	업무 집중력 향상, 좌, 우 균형과 바른 걸음걸이 회복
10대 청소년. 척추 측만증,	소화불량, 피로감, 허리통증	소화 기능 개선, 측만각도 감소 피로감 및 통증 감소

시스템을 구축하는 3가지 사이클

신호/사인→행동→반복

앞서 Part 1에서 코어 근육을 신체 중심을 이루는 중요한 기반으로 설명한 바 있다. 이번 장에서는 특히 그 코어를 '다시 세팅'하여 생활 속 루틴으로 정착시키는 방법에 초점을 뒀다.

이 자세 정렬 코어셋 루틴이 반복되면, 어느새 바른 자세는 뇌와 몸에 각인된다. 이 시스템은 단순한 동작의 나열이 아니다. 신경계의 적응, 감정의 안정, 에너지 흐름의 회복까지 염두에 둔 과학적 프로그램이다. 매일 9분씩 3일 그리고 이를 21일간 반복하면 신체는 정렬을 기억하고, 뇌는 바른 자세를 새로운 '기본값'으로 인식한다. 이후 3개월까지 꾸준히 지속하면, 이 루틴은 평생 유지될 수 있는 '자동화 시스템'으로 진화한다.

결국 행동의 성공은 단순하고 반복 가능한 시스템 구축에 달려 있다. 뇌는 복잡한 결심보다 단순한 루틴을 선호한다는 사실을 명심하자.

이제 Part 3에서는 이러한 루틴이 어떻게 뇌의 신경가소성과 연결되어 '마인드셋'을 형성하고, 삶 전체를 지배하는 정신적 태도로 확장되는지를 살펴본다.

큰 그림에서 '라이프 포스'가 목적이라면, '포스 퍼포머'는 그 목적을 현실로 옮기는 목표다.

THE LIFE POSE

… PART 3 …

• 실천 •

마인드셋 – 바른 자세로 성장과 변화에 도전하라

CHAPTER 5

건강한 성공이 진짜 부(富)의 본질이다

3.3.3 바른 자세 정렬 루틴(하루 9분)

작은 습관이 인생을 바꾼다.

- 제임스 클리어(Clear, J, 2018)

앞선 장에서 다룬 '코어셋 루틴'은 바른 자세를 회복하기 위한 실천의 핵심 내용이었다. 이제 그 루틴을 뇌와 몸에 완전히 각인시키는 시간의 시스템, 즉 '3.3.3 자세 정렬 루틴'으로 확장해 보자.

'3일, 3주, 3개월'로 이어지는 이 루틴은 뇌 그리고 몸에 새로운 자세 습관을 형성하는 데 필요한 생리적 적응 주기를 기반으로 설계되었다. 이는 단기적 행동 변화가 아닌, 신경계·호흡계·림프계까지 연결된 일상 속 회복 시스템이다.

건강보험심사평가원 HIRA 의 발표에 따르면 2022년 척추질환 관련 진료비는 연간 2조 원을 초과했으며, 대부분이 자세 불균형에서 기인한 만성통증 및 염증성 증후군으로 보고되었다. 3.3.3 자세 정렬 루틴의 실천은 단순한 예방을 넘어, 개인의 의료비 부담을 실질적으로 줄이는 핵심 자가 건강관리 도구로 자리 잡고 있다.

이번 Chapter 5에서는 누구나 따라 할 수 있는 '하루 9분 루틴'을 중심으로 시간대별 자세 정렬 습관화와 단계별 체크리스트, 실천을 통한 변화 사례, 그리고 워크북 작성법까지 다룬다. 즉, 바른 자세를 일상 속에서 실천하고 유지할 수 있는 구체적인 방법을 안내한다.

| 왜 3일·3주·3개월인가?

습관 형성에 대한 뇌과학적 접근에 따르면, 변화는 단계적으로 두뇌 신경계에 각인된다.

MIT 뇌·인지과학연구소는 습관이 뇌 속에서 만들어지는 과정을 이렇게 설명한다. 3일간 집중하면 주의가 바뀌고, 3주간 반복하면 행동이 몸에 새겨지며, 3개월간 지속하면 뇌 속에 새로운 회로가 자리 잡는다. 이는 습관 형성이 단순히 반복의 결과가 아니라, 실제로 뇌의 연결 구조와 작동 방식이 바뀌면서 이루어진다는 것을 보여준다.

또한 하버드 의대 건강 정보 채널 『Harvard Health Publishing』은 새로운 건강 습관을 뇌에 '안전한 기본값'으로 인식시키는 데 평균 21~66일이 걸린다고 보고하며, 그 첫걸음은 '작고 쉽게 반복 가능한 루틴'이어야 한다고 강조한다.

바른 자세를 위한 3.3.3 자세 정렬 루틴은 바로 이런 조건을 충족한다. 하루 9분, 3일 단위로 3주간의 실천을 통해 뇌는 이를 '기본값'으로 인식하게 되고, 감각-운동 신경계는 그 정렬을 자동화한다. 이 행동을 3개월까지 이어가면, 그 습관은 일상 속 무의식적 행동으로 고정된다.

이렇게 몇 번 반복하다 보면 어느덧 바른 자세가 습관으로 자리 잡은 사람으로 변하게 된다. 자신의 정체성이 진짜 그걸 하는 사람으로 바뀌는 것이다.

시작이 전부다. 오늘부터 당장 그런 삶을 살고 있는 진짜 자신과 거울 속에서 만나보자!

주차별 하루 9분 자세 정렬 루틴 구성 체크리스트

※ 단계별 체크리스트　　* QR코드를 스캔해 지금 바로 움직여 보세요.

구분	루틴 항목	소요시간	체크
1단계	벽 정렬 자세	3분	☐
2단계	골반 밸런스 스트레칭	3분	☐
3단계	복식호흡 & 어깨 열기	3분	☐

주차	주제	루틴 구성 항목
1주	인식과 정렬	나의 현재 자세 상태 진단
		벽 정렬 자세 연습(3분)
		골반 밸런스 루틴(3분)
		호흡 정렬 복식호흡(3분)
2주	루틴과 교정	틀어진 부위 자각 훈련
		복부 코어 강화 브릿지(3분)
		림프 순환 스트레칭(3분)
		어깨 열기 동작(3분)
3주	통합과 유지	전신 정렬 점검 루틴
		3가지 루틴 통합 동작(9분)
		자세 + 감정 호흡 조합 실습

이 루틴을 신호/싸인 → 행동 → 반복 시스템으로 만들어 보자.

하루 단 9분! 매일 반복하면 뇌는 바른 자세를 '기본값'으로 학습한다.

- 예시 1) 아침 기상 후/점심 식사 후 양치질(신호/싸인)을 하러 화장실에 간다. 양치질을 할 때 벽에 기대어 서서 정렬 자세를 유지한다.(행동) 어디서든지 매일 양치질을 하러 갈 때는 벽 정렬 자세가 시스템으로 이뤄진다.(반복)
- 예시 2) 아침/점심/저녁 식사를 마치고 수저를 식탁에 내려둔다.(신호/싸인) 호흡을 가다듬고 복식호흡을 차분하게 진행한다.(행동) 매 식사때마다 식후엔 자연스럽게 복식호흡이 시스템으로 이뤄진다.(반복)
- 예시 3) 집이나 회사 등 목적지에 도착한다.(신호/싸인) 1개층 또는 2개층 전에 계단을 이용하여 이동한다.(행동) 어디를 가든지 목적지 도착하면 자연스레 엘리베이터나 비상계단을 통해 이동하는 시스템이 이뤄진다.(반복)

▎바른 자세 실천을 위한 성공 습관 공식

세계적인 베스트 셀러 『아주 작은 습관의 힘 Atomic Habits 』의 저자 제임스 클리어 James Clear 는 다음과 같은 '성공 습관 공식'을 제안한다.

① 명확하게 하라: (예시) 실천할 루틴은 하루 9분, 아침/저녁 고정
② 쉽게 하라: (예시) 장소는 침실, 사무실 벽 등 익숙한 공간에 고정
③ 보상하라: (예시) 실천 후 체크 표시 또는 기분 좋은 음료 등 보상 설정
④ 가시화하라: (예시) 자세 캘린더, 비포 & 애프터 사진을 지속적으로 눈에 보이게 고정

제임스 클리어가 제시한 이 공식은 단순한 행동요령이 아니라, 작은 행동이 뇌와 신경계를 재구성하는 실제 원리를 보여준다. 그리고 이 원리는, 『라이프 포스 The Life Pose』의 저자인 내가 일상 속에 녹여낸 '자세 정렬 루틴'에서도 동일하게 적용된다. 이 루틴은 단순한 신체 훈련이 아니라, 작은 실천이 몸과 뇌의 구조를 다시 쓰는 과학적 훈련이기 때문이다.

보통 내가 만나는 많은 이들이 자세 정렬 루틴을 시작하기에 앞서 이렇게 묻곤 한다.
"과연 저도 해낼 수 있을까요?"
나 역시 같은 질문을 품었다. 그리고 그 답을 찾아가는 과정에서, 직접 몸으로 경험한 변화가 있었다. 이 이야기는 일상 속 자세 정렬이 단순한 이론이 아니라, 현실 앞의 장애를 극복하고, 어떤 일에도 도전할 수 있는 몸과 마음을 단련하는 과정임을 증명한다.

나는 언젠가부터 풀업 pull-up: 철봉에서 수행하는 턱걸이 운동 을 잘하고 싶었다. 하지만 몇 번을 시도해도 뜻대로 되지 않았다. 오래전 다친 왼쪽 어깨의 통증은 풀업을 할 때마다 날카롭게 찾아왔고, 자세마저 무너뜨렸다.
"아무리 나라도 이건 안 되겠다."
그렇게 생각한 순간, 좌절이 밀려왔고 실패를 받아들이며 목표는 점점 힘을 잃어갔다.
그러던 어느 날, SNS에서 한쪽 다리가 없지만 모든 동작을 직접 소화하며 당당히 사람들을 이끄는 한 트레이너를 보았다. 그의 모습은 내 안의 꺼져가던 불씨에 다시 불을 붙였다.

"불가능? 그래, 그건 하나의 의견일 뿐이지. 내가 포기하지만 않는다면 그 의견은 결코 성립되지 않아. 나는 될 때까지 도전할 거고, 반드시 해낼 거니까."

그 순간, 오랜만에 내 입가에 웃음이 번졌다.

나는 알고 있었다. 풀업을 정자세로 해내기 위해선 무엇보다 기초가 중요하다는 것을. 그래서 다시 기초부터 다져보기로 했다. 나 역시 운동을 지도할 수 있는 2급 생활스포츠지도사 보디빌딩 자격증을 갖고 있고, 십수 년간 꾸준히 운동을 해왔지만 '중이 제 머리 못 깎는다'는 말처럼 스스로의 자세 문제를 객관적으로 보긴 어려웠다.

그래서 먼저 카메라를 셀카 모드로 전환해 내 동작을 촬영하고, 세밀하게 분석했다. 그 와중에 유튜브 알고리즘이 추천해준 워털루대학교 명예교수 스튜어트 맥길 Stuart McGill 박사 — 앞서 Part 1에서 소개된 척추와 코어 분야의 세계적 권위자 — 의 풀업 프로그램 일명 Pavel Pull-up 영상을 교과서 삼아 학습했다. 그의 방식은 생각보다 단순했다. 1~2회씩 짧은 횟수의 고강도 풀업을 여러 세트로 나누고, 매 세트마다 전력을 다해 수행하며 신경계 자극을 극대화하는 것이 특징이었다. 특히 나처럼 부상 경험으로 풀업이 어려운 사람이나, 빠르게 운동 효율을 높이고 싶은 사람에게 큰 도움이 되는 방법으로 알려져 있다. 그리고 그것은 내게 딱 맞는 방법이었다.

이 과정에서 나는 중요한 사실을 배웠다. 포기하지 않고 정석대로 바르게 실천하면, 결국 몸이 동작의 원리를 깨닫는다. 무엇보다 중요한 건, 자세를 바로 세우고 정렬했기에 이런 도전이 가능한 몸이 되었다는 사실이다.

모든 방법엔 근간이 되는 원리가 숨어 있다. 하지만 초보자일 땐 몸과 생각이 따로 놀아 이를 온전히 이해하지 못한다. 많은 이들이 바로 이 지점에서 포기하거나, 무리하다 다치곤 한다.

정석을 배운다는 것은, 바르게 몸을 쓰는 법과 겸손한 태도로 배우며 근본을 깨우치는 과정이다.

그러다 보면 어느 순간, 통증에서 자유로워지고, 해낼 수 없을 거라는 잘못된 믿음과 두려움에서도 벗어나게 된다.

실제로 타인이 몇 개를 하고 얼마나 잘하는지는 내 삶에 아무런 의미도 없다. 어제의 나, 정석을 깨우치지 않고 빠른 결과만 바라는 게으른 나와 경쟁하는 것이야말로 성장의 본질이다.

▍자세를 바꾸는 행동을 시작으로

무엇이든 처음부터 잘하는 사람은 없다. 누구든 작은 습관과 기본기를 바탕으로 자신에게 맞는 루틴을 삶에 녹여낼 수 있다.

실천이 어렵다면, 이렇게 한번 시작해 보자.

"딱 1분만. 아니, 딱 한 동작만."

작은 행동은 곧 자연스럽게 확장되며, 그 과정에서 성취감과 함께 놀라운 변화를 경험하게 된다. 가장 강력한 변화는 언제나 가장 작은 실천에서 시작된다.

자세를 바꾸면 삶이 다채로워진다.

그동안 할 수 없었던 일들, 해보고 싶지만 도전하지 못했던 일들을 해낼 수 있는 기반이 마련된다. 몸이 아프고, 마음이 불편해서 생겨난 감정적 장벽과 자신감 부족 때문에 시도조차 하지 못했던 일들. 그 모든 것은 결국, 지금 이 순간 바른 자세로 자신을 세우지 못했기 때문이었다. 내가 풀업 루틴을 통해 깨달은 또다른 한 가지는 단순한 근력의 성장이 아니었다. 몸의 정렬이 회복되자, 예전에는 두려워 도전조차 망설였던 일들 앞에서도 흔들림 없이 맞설 수 있는 힘이 생겼다. 자세를 바꾸는 순간부터 삶의 변화가 시작된다.

외면의 변화는 내면의 활력으로 이어지고, 새로운 도전의식이 샘솟는다. 여행, 런닝, 캠핑, 책쓰기, 새로운 직업… 그동안 알아보기만 하고 미뤄두었던 일들은 이제 현실이 될 준비를 마친다.

이제, 자세를 바꾸고 바로 시도해 보자. 마치 아이들이 새로운 놀이를 발견했을 때처럼 걱정도 계산도 없이, 그저 호기심 가득한 마음으로 즐겁게 뛰어드는 것이다. 결과가 어떻든, 그 순간 우리는 성장의 다음 단계로 도약하게 된다.

바른 자세가 인생의 모든 정답은 아닐지라도, 새로운 도전을 시작하는 가장 확실한 맞춤형 해답이다. 매일 1%의 성장을 이어가면, 그것은 복리로 쌓여 1년 후에는 37배의 강력한 결과로 우리를 변화시킨다.

라이프 포스는 인생 치트키이다

몸을 바꾸면, 인생이 바뀐다.

- 조 디스펜자 박사(Dispenza, J, 2012)

"자세를 선택하는 것은 인생의 내비게이션을 설정하는 것이다." 이 말은 결코 과장이 아니다. 자세는 단지 외면의 상태가 아니라, 자존감과 인간관계, 그리고 일의 성과까지 바꾸는 핵심 요인이다.

2021년 미국 건강잡지 『Prevention』에서는 하루 5분간 바른 자세 정렬 루틴을 실천한 50대 여성이 3개월 만에 만성 피로와 두통에서 벗어났고, 이후 재취업에도 성공한 사례를 소개했다.

아직 이 주제는 논리적 개연성과 객관적 근거가 충분히 정리되지 않아 세상에 명확히 알려지지 않았다. 그러나 이 책은 그 공백을 메우며, 자세와 삶의 관계를 새롭게 정의하고 있다.

이제 나는 '라이프 포스'의 개념과 자세 정렬 루틴의 실천이 만들어낸 변화를 이야기하려 한다. 실제 사례와 이를 뒷받침하는 과학적 근거를 통해, 자세가 어떻게 삶을 바꾸는지를 함께 살펴보자.

■ 일반인 변화 사례

| 사례 1 | **직장인의 루틴 혁신**
(거북목 교정 + 발표력 향상 + 부장 승진) |

40대 중반의 마케팅 전문가 김○○는 만성 거북목과 어깨 통증으로 집중력 저하와 우울감에 시달렸다.

그는 매일 아침 10분간 자세 정렬 루틴을 실천하면서 '오히려 명상보다 마음이 맑아지는 느낌'을 받았다고 말했다. 3개월 후 그는 발표 불안이 줄었고, 팀 리더이자 부장으로 승진하면서 삶의 자신감을 완전히 회복했다.

심리학자 에이미 커디는 '파워 포징'을 통해 자신감과 호르몬 변화를 유도할 수 있음을 하버드대 연구로 입증했다.

| 사례 2 | **60대 여성의 난치성 질환 극복 이야기**
(림프 자극 루틴 + 관절통 개선 + 체중 감량 + 자존감 회복) |

박○○ 여, 69세 는 관절염 및 통증, 복부비만, 우울증으로 활동을 거의 하지 않던 상태였다. 그녀는 자세 교정과 함께 림프순환 운동을 병행하며, 걷기 모임에 참여하기 시작했다. 6개월 후 체중은 7kg 줄었고, 심리 상담 없이도 "스스로가 사랑스러워졌다"고 말했다.

이는 「Journal of Physical Therapy Science」의 연구 결과와도 일치한다. 해당 논문에서는 고령 여성을 대상으로 한 자세 개선 프로그램이 자존감과 활력 수준에 유의미한 변화를 주었다고 밝혔다.

| 사례 3 | **성장기 청소년의 자세와 정서 변화**
(아침 자세 정렬 루틴 + 발표력 향상 + 학습 자신감 상승) |

중학생 이○○ 남, 17세 는 키는 크지만 늘 구부정한 자세로 자신감이 부족했고, 발표 수업을 두려워했다. 발표 차례가 돌아올 때면 입이 마르고 머리가 하얗게 백지가 되었다.

학교 보건교사와 협력해 매일 아침 9분 자세 정렬 훈련을 시작했고, 8주 후엔 반 친구들 앞에서 당당하게 발표하는 데 성공했다.

『바른 자세가 만드는 바른 마음』 2020, 건강교육센터 은 청소년기의 바른 자세 습관이 정서 안정과 학습 집중력을 향상시킨다고 설명한다.

| 사례 4 | **20대 청년의 피부와 허리, 과민성대장증후군 회복**
(바른 자세에 도움을 주는 의류 착용 루틴 + 피부 건강 + 허리 통증 감소 + 과민성대장증후군 감소 + 자신감 회복) |

사례 4는 서○○ 남, 24세 가 직접 보내온 실제 사례로, 자신의 경험을 많은 사람과 나누고 싶다며 이 책에 수록되는 것에 기꺼이 동의했다.

그는 급격한 키 성장으로 인해 허리 통증을 겪었고, 17세 무렵에는 복대를 착용해야 할 정도로 불편한 생활을 했다. 또래 친구들에게 놀림을 받을까 늘 노심초사했으며, 그 결과 자존감과 자신감 모두 크게 떨어졌다. 10대 시절 내내 이어진 심리적 스트레스와 육체적 통증은 피부에도 영향을 주어 화농성 여드름이 생겼고, 치료를 위해 많은 비용을 지출했지만, 큰 차도는 없었다. 결국 과민성대장증후군까지 나타나 하루에도 수십 차례 화장실을 가야만 했다.

그러던 중 S사의 바른 자세 교정 의류를 착용하기 시작했고, 복대 없이도 허리 통증이 완화되면서 삶에 큰 변화가 찾아왔다. 통증이 줄자 자연스럽게 스트레스도 감소했고, 피부가 맑아지며 과민성대장증후군 증상도 개선되어 하루 1~2회만 화장실을 가는 건강한 몸으로 회복할 수 있었다. 삶의 질이 획기적으로 달라지며 자신감도 회복하게 되었다.

이는 "자세가 단지 신체 구조의 문제를 넘어, 신경계와 자율신경의 균형, 정서 상태, 면역 반응까지 폭넓게 영향을 미친다는 여러 연구결과들이 실제로 개인에게 증명된 사례이다.

자세 교정과 운동 요법은 명확한 원인이 특정되지 않는 흔한 허리 통증에도 효과적이라는 연구 결과도 있다. 즉, 성장기 아이들의 성장통이나 잘못된 자세로 인한 허리 부담도 바른 정렬과 안정화를 통해 상당 부분 완화될 수 있다는 뜻이다.

이러한 결과는 스트레스 호르몬인 코르티솔 cortisol 이 염증 반응을 촉진하고 피지선을 활성화시켜 여드름을 악화시킬 수 있다는 사실과도 맞닿아 있다. 자세 교정을 통해 통증이 완화되면 스트레스가 줄고, 그로 인해 피부의 염증 반응이 진정되는 선순환이 일어난다.

또한 과민성대장증후군 IBS 이 스트레스와 자율신경계 불균형, 그리고 장–뇌 축 brain-gut axis 의 이상과 깊은 연관이 있음을 보고한 연구들도 다수 존재한다.

앞서 살펴본 사례를 통해 알 수 있듯, 자세 교정은 교감·부교감 신경의 균형을 회복시키고 복압을 안정화하며, 장운동의 과도한 반응을 줄여 배변 리듬 정상화에도 긍정적인 영향을 줄 수 있다.

바른 자세는 단순히 근골격계의 정렬을 바로잡는 데 그치지 않는다. 다수의 객관적 연구 결과가 이를 뒷받침하듯, 자율신경계의 균형과 호흡의 리듬을 회복시키고, 감정과 스트레스를 안정화하며, 전신의 회복을 이끄는 가장 근원적인 건강 솔루션이라 할 수 있다.

가족이 함께 실천하는 자세 정렬 루틴

가족이 함께 실천할 때, 습관은 세대를 넘어간다.

― 찰스 두히그(Duhigg, C, 2012)

"자녀는 부모의 뒷모습을 보고 배운다."라는 말이 있다. 바른 자세는 개인의 습관을 넘어 가족문화가 되어야 한다. 2022년 일본 도쿄 분쿄 헬스 스터디 Bunkyo Health Study 에서 분쿄구에 거주하는 65세 이상 노인을 대상으로 운동 습관과 건강 지표 간의 연관성을 조사한 연구 결과는 좋은 예시이다.

Chapter 1에서 소개한 해당 연구에 따르면, 청소년기와 노년기의 운동 습관은 노후의 우울 증상과 골다공증 위험에 직접적인 영향을 미친다. 즉, 어린 시절에 쌓은 습관이 자연스럽게 노년까지 이어지며 삶의 질을 지켜주고, 건강한 노후를 가능케 한다는 것이다.

그리고 이 모든 기반에는 운동이 있다. 운동은 바른 자세와 올바른 움직임을 유지하게 만든다.

일본 체육대학교가 연구 주체로 진행한 세타가야구 아동·청소년 수면 습관 연구는, 부모의 생활 습관과 지역사회 자본이 자녀의 신체 활동과 스크린 타임을 매개로 수면 습관에 영향을 미친다는 사실을 밝혀냈다.

이 연구는 특히 어린 시절 부모의 생활 습관과 양육 환경을 형성하는 지역사회 자본이 얼마나 중요한지를 여실히 보여주는 사례이다. "세 살 버릇 여든까지 간다."라는 속담처럼 어린 시절 가정과 부모로부터 보고 배운 경험은 한 개인의 정체성과 삶의 가치관, 더 나아가 인생관에 지대한 영향을 끼친다.

배우지 않아서 몰랐던 것을 후회하기엔 앞으로 우리가 살아갈 시간이 더 중요하다. 오늘날 세상이 주는 편리함으로 인해, 우리의 움직임은 점점 더 줄어들고 있다. 나는 이 현상을 일컬어 '운동 치매', 혹은 '움직임 치매'라 부른다. 어쩌면 이것은 의학적 치매보다 더 큰 삶의 위기일지도 모른다.

지금 이 순간이야말로, 전 세대가 바른 자세와 신체 활동을 통해 건강을 되찾을 때다.

당신과 당신의 가족을 구하는 것은 이 책이 아니다. 바로 가정에서 그리고 일상에서의 '실행'이다. Chapter 1에서 중요하게 다뤘던 『라이프 포스』가 추구하는 바른 자세의 궁극적인 목표 4단계를 기억하는가? '교정-운동-습관-자유'는 반드시 실행되어야 할 목표라는 사실을. 그렇게 자유를 얻게 되면 더 큰 꿈을 품고, 다음 목표를 설정해 꼭 도전하길 바란다. 그것이 바로 포스 퍼포머의 존재의 이유다.

이미 여러 차례 언급했듯, 올바른 자세는 훈련의 산물이다. 교정은 곧 운동이 되고, 반복되면 습관이 되어 삶의 태도를 바꿔놓는다. 그리고 마침내, 당신의 삶 속에서 자유를 만들어 낸다.

이제 당신은 선택할 수 있다.

바른 자세의 길을 단순한 교정 훈련으로 남길 것인가, 아니면 삶 전체의 규율로 끌어올릴 것인가.

교육기관과 협업 사례

최근에는 이러한 가족 중심 자세 교육이 제도적 지원과도 연결되고 있다. 국내 (사)국제바른자세습관지도사협회는 강원특별자치도 교육청, 강원도수영연맹과 함께 초등학교 저학년 학생과 학생 운동선수를 대상으로 체형 불균형 예방 교육을 진행하고 있다. 이 협력은 '불균형 체형 조기 진단'과 '생활 속 실천 루틴' 제공을 중심으로, 학교와 가정이 함께하는 자세 건강 환경 조성을 목표로 한다. 또한 협회는 한국유치원총연합회와의 업무협약을 통해 지역 유치원을 대상으로 바른 자세 교육을 연계하고 있다.

그보다 앞서 시작된 초등학교 '바른 자세 만들기 문화 캠페인' 프로그램은 현재 여러 학교에서 운영되고 있다. 그중 한 초등학교에서는 매월 1회 이상 강사가 직접 방문해 바른 자세 현장 지도를 진행하고 있으며, 이처럼 정기적인 방문 교육뿐 아니라 수업 외 시간에도 협회 강사가 제작한 '자세 정렬 루틴' 영상을 통해 교사와 학생이 함께 루틴을 실천하며 사후 관리를 이어가고 있다.

이러한 지속적인 실천은 학생들의 자세 인식과 생활 습관을 변화시키고, 교사들에게도 교육적 보람과 높은 만족감을 안겨주고 있다.

최근에는 OBS 경인TV 문화재단과 함께 청소년의 바른자세만들기 문화 캠페인의 긍정적 효과에 이어 노인의 낙상방지 캠페인을 진행하며 바른자세 전문 강사 파견 등 물리적 후원을 함께 펴나가고 있다.

이런 캠페인은 작은 실천이 가정에서부터 시작되어 지역사회로 번지고, 결국에는 의료비 절감으로 이어지는 건강문화의 확산과 보건의료 산업의 지속 가능한 발전을 이끌어 낼 수 있다. 따라서 더 많은 이들이 함께하고, 앞으로 더욱 널리 확산되기를 바란다.

▎가정용 자세 교육 도구의 활용

가족용 루틴 워크북, 주말 루틴 챌린지, 실내 놀이형 스트레칭 프로그램 등 가족이 함께 실천할 수 있는 시스템 도입이 효과적이다. 이는 바른 자세가 단순한 개인의 과제가 아닌, 가족과 공동체의 문화로 자리 잡아야 한다는 인식을 확산시키는 기반이 된다.

앞서 소개한 분쿄 헬스 스터디 Bunkyo Health Study 의 '세대 간 운동 습관 연구'에서도 확인했듯, 부모의 자세 인식 수준은 자녀의 척추 건강에 직접적인 영향을 미친다. 이는 결국 자녀의 현재와 미래 삶의 질을 좌우하는 중요한 문제다.

가정에서부터 아이에게는 놀이형 루틴, 부모에게는 습관화 루틴, 고령자에겐 낙상 예방 루틴이 필요하며, 이를 가족 단위로 실천하면 가족의 지속성과 유대감이 함께 강화된다. 나아가 바른 자세 정렬 루틴을 생활 속에서 훈련할 수 있는 시스템을 도입하는 것이 가장 효과적이다.

그 필요성을 가장 극적으로 보여주는 사례가 있다. 바로 서울 압구정 ○○아파트에 거주하는 한 90대 어르신의 이야기다.

2024년 여름 어느 날, 그는 기사가 운전한 벤츠 마이바흐를 타고 딸의 부축을 받으며 우리 연구소를 찾아왔다.

평생 자수성가로 최상위 고액 자산가 반열에 오른 성공한 사업가였고, 지금도 부부가 신라호텔 피트니스센터 연간 회원으로 지낼 만큼 최고의 생활을 누리고 있었다. 그러나 현실은 달랐다.

아무리 부와 명예, 최고급 라이프스타일을 다 갖추어도, 혼자서는 제대로 걷지 못했다. 집 안에서도 부축 없이는 거동이 어려웠고, 씻는 일조차 누군가의 도움이 필요했다.

우리는 물었다.

"건강을 회복하신다면 가장 원하시는 게 무엇입니까?"

어르신은 잠시 눈을 감았다가, 단호히 말했다.

"혼자 걷고 싶습니다."

그의 고백에는 젊은 시절의 후회가 담겨 있었다.

골프에 빠져 몸을 혹사했고, 열정에 대한 칭찬과 건강에 대한 자만은 관리를 소홀히 하게 만들었다. 라운딩 후 통증이 있어도 방치했고, 무리하는 습관이 이어졌다. 그 방심과 자만이 결국 노년에 가장 큰 대가로 돌아온 것이다.

그날 우리 연구소의 물리치료사 출신 연구원이 정밀한 자세 분석과 맞춤 정렬 루틴을 설계해 직접 지도했다. 3개월 동안 꾸준히 루틴을 실천한 그는 점차 지팡이에 의존하지 않고도 보행이 가능해졌다.

무엇보다 중요한 건 그 변화가 연구소를 넘어 가정에서도 이어졌다는 점이다. 딸은 아버지와 함께 자세 정렬 루틴을 생활 속에 정착시키기 위해, 자세 교정 의류 등 보조 도구를 적극적으로 활용하며 올바른 자세를 유지하도록 도왔다. 이렇게 가족이 함께 도운 것이 어르신의 회복을 더욱 확실하게 만들었다.

마침내 그는 지팡이를 내려놓고, 딸의 부축 없이 "혼자 걷는 자유"라는 가장 소박하지만 위대한 행복을 되찾았다.

이 사례는 증명한다.
- 뇌는 90세에도 새로운 움직임을 학습하고, 몸은 기능을 회복할 수 있다.
- 최상위 고액 자산가로 살아도 건강을 잃으면 모든 것은 무의미하다.
- 젊은 날의 방심과 자만은 노년에 치명적인 결과로 이어진다.

그러나 동시에 우리는 깨달았다. 불안정한 보행은 언제든 낙상으로 이어질 수 있으며, 이는 단순한 사고가 아니라 삶의 존엄과 자유를 위협하는 심각한 문제라는 사실이다.

그래서 우리는 노인들이 바른 자세로 걷고, 스스로 회복할 수 있다는 가능성을 느낄 수 있도록 돕는 일이 얼마나 중요한지를 절실히 깨달았다.

바로 그때, '바른 자세 낙상 예방 캠페인'이 우리가 반드시 시작해야 할 사명임을 확신했다.

1~20일차 워크북(매일 꾸준히 단 한줄이라도 기록하기)

워크북 작성

나의 자세 일기 (1일~20일)	
루틴 실천 후 느낀 점 & 신체 변화기록란	(작성 예시) 오늘 몸이 조금 더 가볍고, 불편한 통증이 완화되었다.
가족, 파트너와 함께 루틴을 실천하며 느낀 점 (혼자 할 경우 생략)	(작성 예시) 딸이 루틴 동작을 체크해서 피드백해줬다.
미래완료형 선언문	(작성 예시) 나는 일평생 바른 자세로 젊고 아름다운 건강한 삶을 살아낼 것이다.

최종 21일차 워크북(전체 21일 여정을 기록하기)

워크북 작성

나의 자세 일기 (21일)	
Before/After 사진 부착 공간	before(1일차)　　　　　after(21일차)
21일간 루틴 실천 후 느낀 점 & 신체 변화 기록란	(작성 예시) 확실히 전보다 키가 커지고, 전반적인 컨디션이 좋아졌다. 피로감도 줄었고, 간혹 있던 허리의 뻐근함과 목 통증이 거의 개선되었다. 사진을 찍어보니 확실히 첫날에 비해 21일 후의 모습은 다른 내가 된 것 같다. 이 루틴을 진작 알았으면 더 좋았겠다. 이제 22일차도 이 루틴을 이어나가려고 한다.
21일간 가족, 파트너와 함께 루틴을 실천하며 느낀 점 (혼자 할 경우 생략)	(작성 예시) 혼자 하는 것보다 좀 더 책임감이 생기고, 서로 격려하며 챙겨주니 21일이 정말 짧게 느껴졌다. 이 일기를 작성하는 것도 처음엔 귀찮았지만 서로 쓴 일기를 읽으며 가족과의 관계도 더 좋아진 기분이다. 우리 가족이 이렇게 적극적이었나? 가족이 변해가는 과정이 눈으로 보여 더 신기하고, 기분 좋다.
미래완료형 선언문 레벨업 (이제 더 큰 목표 도전)	(작성 예시) 나는 더 건강해진 몸으로, 어떤 일에도 과감히 도전하며 성취하는 삶을 살아가게 될 것이다.

※ 21일은 끝이 아니라 바른 자세를 향한 첫 시작입니다. 계속 21일 루틴을 또 한번 도전합시다.

CHAPTER 6

자세는 철학이다:
포스 퍼포머 마인드셋

두려움은 무지와 욕심의 산물

> 습관이 내일의 운명이 된다면,
> 나는 매일 새롭게 운명을 시작할 것이다.
> — 조윤제, 『다산의 마지막 습관』(2020)

여기까지의 여정을 함께 걸어온 당신의 의지와 노력에 깊은 찬사를 보낸다. 이제 나는 마침내 이 책의 여정을 완성하는 마지막 장, 바로 '화룡점정 畵龍點睛'의 순간에 서 있다.

지금 내가 이 글을 집필하는 장소는 해발 1,500m 산악 지대에 자리한 스위스의 아름다운 마을, 베르비에 Verbier 다. 1994년부터 세계적인 클래식 음악 축제로 알려진 이곳은, 겨울이면 영국 왕실과 유럽의 귀족들이 즐겨 찾는 휴양지로서 최고급 리조트를 갖춘 문화의 산실이다.

국내의 저명한 지휘자 겸 음악감독의 인솔 아래, 유수의 기업 CEO들과 함께 이곳을 찾아 수준 높은 클래식과 오페라 공연을 즐기고 있다. 참가비는 개인당 수천만 원에 달하지만, 그만큼의 여유와 자유를 누릴 수 있을 만큼 풍요롭고, 단단한 삶을 살아가고 있다.

불과 18년 전, 나와 내 아내는 참으로 어렵고 가난했다. 2009년 매섭게 추운 겨울, 부산 해운대 백사장 자판기에서 뽑은 250원짜리 커피 한 잔을 둘이 나눠 마시며 자주 데이트를 하곤 했다. 부산에 갈 때마다 그 시절을 추억하며 그 자판기를 종종 찾곤 했는데, 몇 해 전 결국 사라지고 말았다.

그런데 어떻게 지금처럼 이런 호사를 일상으로 누릴 수 있는 삶을 살게 되었을까?

이제부터 나는 라이프 포스의 철학 속에서 실제로 경험한 변화, 그리고 그 변화가 남긴 진짜 이야기를 들려주려 한다.

세상이 정의하는 성공, 그리고 수많은 자기계발서에서 강조하는 것은 결국 '성공하는 자세와 습관을 어떻게 삶에 적용시키느냐'에 달려 있다. 그러나 이는 결코 쉬운 일이 아니다. 같은 메시지를 두고도 수많은 방법론이 갈리고, 때로는 허울뿐인 결단만을 요구하는 억지처럼 느껴지기도 했을 것이다.

세계 최정상 동기부여 강사들의 책과 강연에서 '좋은 말 대잔치'만 늘어놓는 모습에 분노했을 수도 있다. 그 심정, 지극히 공감한다.

하지만 미리 양해를 구하며 분명히 해두고 싶은 사실이 하나 있다. 그것은 바로, "해 아래 새로운 것은 없다."라는 진리다.

앞선 Chapter 4에서 우리는 '행동이 마음을 바꾼다'는 사실을 배웠다. 하지만 그 단순한 진리를 아는 것만으로는 부족하다. 어떤 사람은 여전히 행동하지 못한다. 그 이유는 단순한 게으름이 아니라, 마음을 지배하는 잘못된 신념의 벽 때문이다.

당신은 기억하는가? 사람의 몸은 일상의 자세와 습관이 쌓여 만들어진 산물이다. 그러나 그 습관조차 마음의 지배를 받는다. 감정과 생각이 얽히는 그 순간, 마음이 몸을 움직이고 삶을 바꾼다.

옳다는 걸 알면서도 실천이 어려운 까닭은 바로 그 근원에 자리 잡은 잘못된 신념이 굳어져 있기 때문이다. 성공에 대한 부정적 신념이 뇌에 각인되면 자신감은 점차 사라지고, 자아 정체성은 굳어져 변화를 거부하는 관성이 삶의 바탕에 자리 잡는다. 그 결과 스스로의 세계관은 점점 축소되고, 행동반경이 좁아져 경험의 기회를 잃고 만다. 기회가 눈앞에 나타나도 이를 보지 못하거나 심지어 외면해 버리는 경우가 발생하는 것이다.

반대로 긍정적인 신념이 뇌에 각인되면, 삶에 대한 자신감은 더욱 단단해지고 자아 정체성은 유연해진다. 그 결과 새로운 도전을 향한 용기가 자연스럽게 솟아나며, 이러한 태도는 가치관과 세계관을 넓히고 다양한 경험을 통해 선택의 폭을 한층 더 확장시킨다.

우리는 이미 수많은 SF 영화 속 장면들이 현실이 되는 시대를 살아가고 있다. 이는 단순한 상상이 아니다. 누군가의 머릿속에서 싹튼 생각의 씨앗이 영화라는 매개체를 통해 세상에 뿌려지고, 관객이 그 렌즈를 통해 확인하며 영감을 얻은 결과다. 어떤 이는 영화 속 메시지로 삶의 목표를 새롭게 설정하고, 또 다른 이는 그 상상을 현실로 이어가며 미래를 선순환 구조로 만들어낸다. 이 반대의 경우도 마찬가지다. 상상은 방향에 따라 미래를 밝히기도, 어둡게도 만든다.

영화 〈매트릭스〉의 주인공 네오가 현실과 상상의 경계가 모호한 세상 속에서 빨간 약과 파란 약 중 하나를 선택해야 했듯, 우리 역시 매일의 현실 속에서 끊임없이 선택의 기로에 서 있다. 창조주의 섭리 안에서 우리에게 주어진 자유의지는 결국 어떤 삶을 살아갈지 스스로 정할 수 있는 권한이다.

그렇다면 우리의 하루는 어떻게 선택되고 결정되는가? 사실 그것은 우리가 보고 듣고 느끼는 경험이 뇌에 각인되어 습관이 되고, 뇌는 그것을 '나 자신'이라 착각하며 가장 익숙한 패턴을 따르는 결과다. 우리는 이를 '믿음'이라고 부른다. 자신이 믿는 세상, 더 정확히 말하면 '믿고 싶은 세상'이 눈앞에 펼쳐지는 것이다. 심리학에서는 이를 '확증편향 confirmation bias'이라 정의한다.

그래서 우리는 단순히 많은 경험이 아니라, 보다 깊고 밀도 있는 경험을 통해서만 더 나은 순환 구조를 만들 수 있다.

사람은 지식을 통해 배우고, 경험을 통해 성장하며, 그 과정을 통해 발전한다. 그러나 그 과정을 건너뛰면 무지가 꽃피우고, 두려움이 그 빈자리를 채운다. 두려움이란 감정은 결국 과정을 생략하려는 욕심과 무지에서 비롯된다.

"두려움의 실체는 채워지지 않은 무지이며, 어떤 일의 과정을 피하고자 하는 욕심이다."

지금부터 그 근거를 하나씩 살펴보자.
누구나 한 번쯤 이런 경험이 있지 않을까? 잠시 나의 경험 속으로 들어가 보자.

학창시절 시험이나 시합을 망치고 집으로 돌아오는 길은 늘 두려움으로 가득했다. 부모님의 꾸중이나 잔소리가 두려웠기 때문이다. 그러나 막상 집에 들어서면 아무 일도 일어나지 않았다. 그때의 두려움은 실체가 아니라, 뇌가 상상 속에서 만들어낸 허상이었던 것이다.

다시 한번 강조하지만, 두려움은 실체가 없다. 경험이 부족한 상태에서 일어나지도 않은 미래를 뇌가 먼저 부정적으로 그려낼 뿐이다. 이런 패턴이 반복되면 뇌는 그것을 생존 본능으로 착각하고, 결국 자아정체성의 일부로 자리 잡는다. 두려움이 삶의 방향을 결정해 버리는 것이다.

다시 말하지만 그 두려움의 뿌리는 '무지'와 '욕심'이다. 경험하지 않은 것에 대한 무지가 불안을 키우고, 여기에 '잘해야 한다, 실패하면 안 된다'는 욕심이 더해지며 두려움은 증폭된다.

우리 선조들에게 두려움은 생존을 위한 본능적 여과 장치였다. 데이터에 기반한 인공지능도, 과거 사례를 학습할 참고 자료도 없던 시대였다. 맹수를 만났을 때 최악의 상황을 먼저 떠올리는 인간의 본능은, 어찌 보면 당연하면서도 필수적인 생존 기술이었다. 그러나 현대사회의 두려움은 실제 위험이 아니라, 상상 속에서 부풀려진 그림자에 불과하다.

오늘날 우리는 전혀 다른 시대와 사고방식 속에서 살고 있다. 수많은 선행 사례가 축적되어 있고, 우리는 언제 어디서나 질문을 던지며 적절한 답을 찾아낼 수 있는 지혜에 접근할 수 있다.

혹시 지금, 범접할 수 없는 문제 앞에서 좌절하며 주저앉아 있는가?

그렇다면 먼저, 배에 힘을 주고 허리를 곧게 세운 뒤 깊이 심호흡을 해보자. 단지 자세를 바로잡고 숨을 고르는 것만으로도 무너진 자아自我의 중심을 되찾는 첫걸음이 된다.

그리고 차분히 이 세 가지 질문을 던져보자.

1. 이 문제의 실체는 정확히 무엇인가?
2. 이 문제는 나와 공동체에 어떤 위협이 되는가?
3. 이 문제 앞에서 나는 어떤 결정을 내릴 것인가?

이 단순하지만 본질적인 질문들은 혼란과 공포의 파도 속에서 생각을 가다듬고, 문제를 객관적으로 바라볼 수 있게 해준다. 나는 이것을 '생각의 에어포켓'[28]이라 부른다.

우리가 질문을 시작하는 그 순간, 해답을 향한 여정도 이미 함께 시작된다. 인생은 변수로 가득하고, 정답은 결코 주어지지 않는다. 결국 우리는 상황에 맞는 혜답 慧쏨, 지혜로운 답 을 스스로 만들어가야 한다. 세상에서 가장 강인하고 똑똑하며 부유한, 완벽해 보이는 사람이 존재한다 해도, 결국 그 역시 우리와 같은 이 세상 속 인간일 뿐이다. 우리가 쟁취해야 할 것은 문제 속에 숨어 있는 보물이며, 그 길은 문제와 마주

---

28) 물속에 잠긴 배나 구조물 내에서 공기가 남아 있어 사람이 잠시 숨을 쉴 수 있는 공간

하며 풀어내는 것 외에 다른 방법이 없다. 해보지 않고는 누구도 결과를 알 수 없다. 그리고 바로 그 순간부터, 문제는 더 이상 두려움이 아니라 설렘으로 바뀐다.

그럼에도 여전히 두렵고 막막한가? 그렇다면 내가 정말 사랑하는 감독 크리스토퍼 놀란 Christopher Nolan 의 영화 속 이 한 문장을 떠올려 보자. 그리고 스스로의 선택에 확신을 품고 앞으로 나아가라.

"우리는 답을 찾아낼 것이다. 언제나 그랬듯이."
― 영화 〈인터스텔라〉 中

정체성은 어떻게 형성되는가?

심리학자 에릭 에릭슨 Erik Erikson 은 인간 발달을 8단계로 구분하였는데, 그중 청소년기를 자아 정체성이 형성되는 핵심 시기로 보았다. 이 시기에는 '나는 누구인가, 어떻게 살아갈 것인가'라는 탐색이 이루어진다. 그 과정에서 구축된 정체성은 이후 삶의 선택과 방향에 깊은 영향을 끼친다. 물론 정체성이 한 번에 단단히 고정되는 것은 아니며, 이후의 인생 여정에서도 변화하고 확장될 수 있다. 결국 청소년기에 형성된 자아 정체성은 성인기에도 안정된 삶의 토대를 마련하는 중요한 기초가 된다. 이처럼 청소년기의 자세와 태도, 그리고 자아 정체성은 단순히 한 시기의 습관에 그치지 않고, 평생의 삶을 설계하는 나침반이 되는 것이다 Erikson, 1950 . 에릭슨은 이러한 점에서 정체성이 고정된 것이 아니라 이후 삶의 단계에서도 '재형성'과 '확장'이 가능하다고 보았고, 이는 우리에게 매우 고무적인 통찰을 제공한다.

나는 이 장에서 '정체성'을 형성하는 인간의 패턴을 3단계로 정의한다.

◆ 정체성 형성 1단계: 학습

문명 발생 이전, 우리의 선조들 역시 오늘날 우리처럼 불확실성의 시대를 살았다. 그들에겐 아는 것보다 모르는 것이 더 많았고, 의식주와 관련된 가장 원초적인 문제를 스스로 해결하며 생존해야만 했다. 어디서 잠을 잘지, 무엇을 먹을지, 어떻게 자연으로부터 자신과 가족을 지킬지, 그 모든 것을 끊임없는 학습으로 해결해야 했다. 이 시기의 '학습'은 교과서나 이론이 아니라 본능과 경험으로 체득하는 지식이었다. 우리는 이를 '암묵지'라고 부른다. 즉, 실천과 경험 속에서 직관적으로 쌓여가는 지식을 의미한다.

시간이 흘러 이런 지식은 점차 축적되고, 정리되어 오늘날 우리가 접하는 '형식지'의 형태로 발전했다.

따라서 우리가 책을 읽고, 사회 속에서 전문지식을 배우는 본질적 이유도 결국 이와 같다. 세상을 살아가기 위해 꼭 필요한 '생존지식'을 얻고 익히려는 것이다.

◆ 정체성 형성 2단계: 경험

머리로만 아는 순간의 지식은 아직 미완성이다. 그것을 일상에서 실천하고 적용할 때 비로소 경험이 된다. 경험은 학습을 '무르익게 만들고, 지식을 몸으로 각인'시킨다.

행동으로 옮겨진 지식은 단순한 정보가 아니라 통찰과 사유로 발전한다. 그 과정에서 얻게 되는 깨달음이 지식의 깊이를 더한다. 특히 그 경험의 기억이 어떤 '감정'과 결합되느냐에 따라 그 기억이란 무게의 질과 양이 달라진다.

기쁜 감정과 함께한 성취의 경험은 오래도록 남아 새로운 행동을 이끌어낸다. 반면, 좌절의 감정이 깃든 실패의 경험은 경계와 교훈이 되어 삶의 방향을 바로잡는다. 그러나 진정으로 중요한 경험은 성취보다 실패 그 자체. 실패 이후, 그것을 극복하려는 선택과 태도가 인생의 방향을 결정하고, 그 태도가 다시 더 새롭고 깊어진 성취를 향한 디딤돌이 된다.

도전하는 한, 성취는 언제나 당신을 기다리고 있다.

◆ 정체성 형성 3단계: 습관

"습관은 나를 단단히 감싼 껍질이다."

이 말처럼, 습관은 내가 학습하고 경험한 모든 것의 총합이다. 반복된 행동은 뇌 속 신경세포를 조직화하고, 그 과정에서 습관은 점점 더 단단히 굳어진다. 이렇게 형성된 습관은 단순한 행동 패턴을 넘어, 내가 어떤 사람인지 정의하는 정체성의 기반이 된다. 결국 '거대한 정체성의 변화'란 특별한 사건에서 비롯되는 것이 아니다. 작게 조금씩 시작한 학습이 경험으로 쌓이고, 그 경험이 습관으로 굳어질 때, 어느 순간 누적된 일상이 우리 자신과 이를 둘러싼 주변을 규정하며, 마침내 원하고 바라던 현실을 만들어냈음을 깨닫게 된다.

◆ 정체성 형성의 3단계 흐름

학습 → 경험 → 습관 → 정체성

학습(Learning)	생존 지식 습득, 암묵지 → 형식지 발전 • 계승
경험(Experience)	지식이 행동 · 감정과 결합해 무르익는 단계
습관(Habit)	반복된 경험이 굳어져 정체성을 형성하는 껍질
정체성(Identity)	작은 습관이 누적되어 만들어진 자기 정의

신념은 어떻게 자신감으로 이어지는가?

우리는 거대한 자기장 속에서 살아간다. 실제로 지구는 강한 자기장을 내뿜고 있고, 인간 또한 뇌와 심장에서 미세한 생체 자기장을 방출한다. 우리의 뇌에서 출발한 생각은 뉴런을 통해 전달되어 전기신호로 바뀌고, 이는 신경전달물질과 호르몬의 변화를 거쳐 감정과 기분의 변화를 일으킨다. 이때 일어난 감정은 스스로의 의지와는 무관하게, 자율신경계를 통해 뇌파·심박수·호흡·체온 등 다양한 생리적 반응으로 나타난다.

마치 라디오가 주파수를 통해 소리를 전파하듯, 감정은 우리 몸에서 미세한 진동을 만들어낸다. 그리고 그 진동은 주변 사람들과의 상호작용 속에 퍼져나가며, 결국 하나의 '거대한 에너지 파동'이 된다. 우리의 믿음은 단순한 생각에 머무르지 않는다. 그것은 감정이 되고, 진동과 파동이 되어 세상에 울려 퍼진다.

하지만 그 믿음이 부정적일 때, 그것은 우리를 가로막는 두려움으로 바뀐다.

현대 성공철학의 거장 나폴레온 힐은 이렇게 말했다.

"두려움은 단지 마음의 상태일 뿐이다. 우유부단함이 그 뿌리이며, 자신감 있는 신념만이 이 두려움의 악순환을 끊을 수 있다."

따라서 우리는 가장 먼저, 부정적인 믿음과 두려움을 키우는 잘못된 신념의 사슬을 끊어내야 한다. 이를 위해서는 먼저 바른 믿음을 갖겠다는 결단이 필요하다. 자동차 내비게이션에 목적지를 입력하지 않으면 무용지물이 되듯, 올바른 믿음은 삶의 방향을 정하는 과정이며 이는 곧 나의 인생 좌표를 설정하는 행위와 같다.

그렇다면 '믿는다'는 것은 무엇을 의미할까? 그리고 왜 우리의 믿음은 삶 속에서 행동으로 반영되기 어려운 걸까? 이제 바른 믿음을 세워가는 세 가지 단계를 함께 따라가 보자.

◆ 신념 형성 1단계: 감사

일본의 물 연구자 에모토 마사루는, 전 세계 30여 개국의 언어로 번역·출간되어 200만 부 이상 판매된 글로벌 베스트셀러 『물은 답을 알고 있다』의 저자이다. 그는 단어·음악·감정 같은 인간의 의식이 물의 결정 구조에 영향을 준다고 주장했다. '사랑합니다', '감사합니다'와 같은 따뜻한 말은 정교한 육각형 결정을 만들지만, '미워', '짜증나' 같은 부정적인 말은 구조를 일그러뜨렸다.

그가 남긴 메시지는 단순하다.

"하루를 감사의 마음으로 가득 채우라."

바로 내 감정과 생각을 감사로 채우고 문장과 언어를 감사로 끝마치는 것이다. 언어와 단어가 감정을 이끌어 간다면 오늘 당신은 어떤 말로 하루의 감정을 설계할 것인가?

우리의 말은 곧 몸속 물의 성질을 바꾼다. 신체의 약 70%가 물로 이루어진 인간에게, 매일 어떤 감정과 자세로 살아가느냐는 질문은 단순한 습관을 넘어, 생명 구조 자체를 바꾸는 힘이 된다.

당신의 감정이라는 물통에서 감사가 고갈되면 언제나 갈증에 허덕이게 된다. 그러나 웃으면 웃을 일이 생기듯, 감사하면 감사할 일은 한 가지에서 수십 가지로 파생되며, 삶이 더 풍성해지는 것을 경험하게 된다.

이처럼 포스 퍼포머는 감사하는 태도를 기본값으로 가진 사람이다. 몸과 언어, 생각과 감정, 그리고 에너지를 매 순간 의도적으로 정렬하려고 노력한다. 그리고 그것은 언제나 작은 행동 하나에서 비롯된다. 매사에 감사하며 바르게 서는 능력. 그 단순한 행동 하나가 주변 모든 에너지의 흐름을 바꾼다.

포스 퍼포머에게 있어 믿음은 곧 실력이며, 감사가 곧 능력이 된다. 남들에겐 그저 평범한 일상이 그들에겐 비범한 훈련장으로 바뀌며, 마침내 성공의 정점에 서게 된다.

◆ 신념 형성 2단계: 수용

감사로 열린 마음은 반드시 '수용'으로 이어져야 한다.

수용은 단순히 수동적으로 받아들이는 것이 아니라, '기꺼이 경험해 보는 태도'다. 결과를 지나치게 예측하며 주저하는 대신, 시도 그 자체에 의미와 가치를 두는 것이다.

'기꺼이 경험한다'는 것은 적극적으로 문제와 부딪혀 보는 일이다. 어떤 복잡한 일도, 결과가 어떻든 막상 도전해 보면 생각했던 것보다 훨씬 단순하고, 때로는 별것 아니게 느껴지는 경우가 대부분이다.

나 역시 이 책의 초고를 집필하기까지 무려 15년을 망설였다. 그러나 마음의 울림과 영감을 받아 기꺼이 경험하기로 결심했을 때, 나를 둘러싼 공기와 세상의 모든 것이 달라졌다. 키보드 위에 첫 단어를 올린 순간부터는 출판사에 원고를 투고하고 출간에 이르기까지, 전 과정이 불과 4개월도 채 걸리지 않았다. 중요한 건 망설이지 않고 '딱 한 줄'을 먼저 써 내려간 용기였다.

바로 이 '기꺼이 경험하기'가 내가 이 책에서 줄곧 강조해온, 가장 작은 시도이자 가장 큰 반전의 시작이다. 직접 경험해보기 전까지는 자신이 얼마나 위대한 일을 해낼 수 있는 사람인지 알 수 없다. 이제 머릿속으로만 생각하지 말고, 일단 기꺼이 시작해 보자. 세부 사항은 시작한 뒤에 얼마든지 다듬을 수 있다.

노벨문학상 수상 작가 어니스트 헤밍웨이 Ernest Hemingway 는 말했다. "모든 초고는 쓰레기다." 위대함은 완벽한 결과에서 나오는 것이 아니라, 시작하려는 결심과 행동에서 비롯된다. 그는 특별해서 위대해진 것이 아니라, 기꺼이 경험하기로 결정했기 때문에 위대해질 수 있었던 것이다.

◆ 신념 형성 3단계: 순종

감사로 마음을 열고, 수용으로 기꺼이 경험했다면 이제 마지막 단계는 순종이다. 순종은 강제적 복종이 아니라, 스스로가 정한 방향을 따라 겸손하게 걸어가는 태도를 뜻한다.

그러나 순종은 가장 어려운 덕목이기도 하다. 자신의 고집과 방식, 아집을 내려놓는 일은 결코 쉽지 않다. 아니, 어쩌면 인간이 할 수 있는 일 중 가장 어려운 일일지도 모른다.

다만, 한 개인이나 조직, 국가에 대한 맹목적인 순종은 위험하다. 방향 없는 열심은 결국 자신과 타인의 삶을 해칠 수 있다. 하지만 각자가 삶을 변화시키고 원하는 가치와 신념을 따르기로 결심했다면, 더 이상 '미지근한 물' 같은 태도는 곤란하다. 차갑든 뜨겁든, 둘 중 하나를 분명히 선택해야 한다.

만약 당신이 차를 몰고 떠나려 할 때, 목적지가 불분명하다면 제자리를 맴돌거나 엉뚱한 곳에 가게 될 것이다. '서울 같은 부산'은 존재하지 않는다. 또, 길 안내를 거부해도 마찬가지다. 서울 아니면 부산처럼 분명한 목적지를 설정해야만 그곳에 도착할 수 있듯, 우리의 신념 또한 마찬가지다. 명확한 방향을 설정했다면, 그 길을 향해 순종하는 자세가 반드시 필요하다.

결국 순종은 겸손에서 비롯된다. 자신의 방법과 아집을 내려놓고, 변화의 길을 받아들이는 순수한 마음 자세가 바로 순종이다. 아무리 좋은 방법이나 유익한 길을 알려주어도 받아들이지 않거나, 쥔 것을 놓지 않으면 아무 의미가 없다. 다시 강조하지만, 어떤 결정 앞에서 미지근한 태도를 취하는 순간 삶은 길을 잃고 망망대해를 표류하는 배와 같아진다.

따라서 우리는 겸손히 배우고, 사회통념에 어긋나지 않으며 자신의 가치와 목표에 부합하는 길이라면 그 방향을 따라 순종의 훈련을 시작해야 한다. 바로 그때, 신념은 당신의 삶에 단단히 뿌리내리며, 흔들림 없는 궤도로 당신을 이끌어갈 것이다.

│ 정체성과 신념은 훈련의 산물

이제 우리는 앞에서 스스로의 정체성과 신념을 새롭게 형성하는 세 단계를 각각 살펴보았다. 하지만 "이미 아는 내용"이라고 가볍게 넘겨서는 안 된다. 지식은 삶 속에서 실천으로 드러나고, 몸과 행동으로 배어 나와 곧 '당신 자신이 될 때에만 의미가 있다. 그렇기에 이 주제는 매일 삶 속 전장 戰場 에서 치열하게 훈련하고 실행해야 한다.

내가 전하고자 하는 것은 단순히 자세가 아니다. 자세를 바로 세우는 행위는 곧 마음을 바로 세우는 훈련이다. 배우고, 실천하고, 나누는 과정에서 진짜 변화의 근원이 자란다. 그리고 이렇게 체득한 앎은 결국 자신감으로 이어진다. 자신감은 타고나는 것이 아니라, 스스로와의 약속을 지키며 반복된 훈련을 이겨냈을 때 비로소 얻게 되는 감정이다. 그것은 마음에 깊이 각인되는 성취감이며, 뇌가 인식하는 진정한 자기 정체성이다.

여기서 중요한 사실이 하나 있다. 이 훈련에는 끝이 없다는 점이다. 뇌는 삶이 끝나는 순간까지 멈추지 않는다. 뇌의 '가소성' 덕분에 우리는 끊임없이 성장하고 변화할 수 있으며, 그 과정에서 인간만이 누릴 수 있는 고유성과 한계 없는 자유를 경험하게 된다.

그러니 시작부터 두려워하며 주저하지 말라. 변하기 전의 나와 변하려는 나 사이의 치열한 전투는 단 90일이면 승부가 난다. 매일 아침 "오늘 하루만 훈련하자"라는 다짐을 90번 반복한다면, 원하고 바라던 자신의 모습으로 이끄는 강력한 습관을 반드시 갖게 될 것이다. 일단 습관이 자리매김을 하면, 하지 않고는 못 배긴다. 하루가 허전하고, 패배한 듯 불안하다. 결국 행동은 멈출 수 없이 계속 이어지게 된다.

이 모든 과정은 비상식적인 '정신승리'가 아니다. 그것은 삶을 바꾸는 가장 단순하면서도 강력한 실천 루틴, 그리고 검증된 '현실승리의 성공 공식'이다.

내가 강연을 마치고 Q&A 시간을 가질 때면 가장 많이 받는 질문은 늘 같다.

"어떻게 루틴을 지속할 수 있습니까?"

나도 사람인지라, 쉬고 싶을 때가 있고 게으름이 고개를 들 때도 있다. 그러나 어느 순간부터는 몸이 기분과 감정보다 앞서 움직였고, 생각은 그 뒤를 쫓아오기 시작했다.

여러분께 한 가지 고백을 하자면, 나는 처음부터 그런 사람이 아니었다.

나는 철저한 저녁형 인간, 바로 그 자체였다. 이건 내가 타고난 체질이라 절대 바꿀 수 없다"는 고정관념 속에서 늦게 자고 늦게 일어나는 생활을 이어갔다. 새벽까지 분주하게 이것저것 하며 "나는 원래 이런 사람"이라는 믿음을 더 굳게 다졌다.

그러던 어느 날, 내 믿음을 송두리째 흔드는 사건이 찾아왔다. 결정적 전환점이었다.

우연히 보게 된 뇌 가소성에 관한 영상이 내 머리를 강타했다.

"혹시 내가 틀렸을 수도 있지 않을까?"

그 작은 의심이 고정관념의 철옹성에 균열을 냈다. 변하지 않는다고 단정했던 생활 패턴 속으로 아주 작은 빈틈이 파고든 것이다.

마침 그 무렵, 페이스북 친구이자 유명한 시간관리·리더십 코치의 권유로 시간관리 프로젝트에 참여하게 되었다. 그 순간 나는 완전히 무장해제된 상태였다. 스스로 옳다고 믿어온 생활 방식이 사실은 얼마나 허술했는지를 마주할 준비가 되어 있었던 것이다.

그 프로젝트에서 나는 하루를 30분 단위로 기록하고, 유형별로 색을 구분해 생산성과 성과를 분석했다. 그리고 망치로 한 대 얻어맞은 듯한 충격을 받았다.

나는 하루 대부분을 의미 없는 분주함 속에 흘려보내고 있었다는 사실, 성장은커녕 나 자신을 위한 최소한의 여백조차 남겨두지 못하고 있었다는 냉정한 현실을 직시했다. 그러나 좌절할 필요는 없었다. 내 하루, 그리고 한 주의 시간의 흔적 속에 비밀의 해답이 숨어 있음을 깨달았다.

바로 아침 시간이었다.

그때 결심했다. 아침의 여백을 내 삶의 중심으로 다시 불러들이자.

처음에는 30분 일찍 일어나는 것부터 시작했다. 한 달 뒤에는 1시간, 세 달 뒤에는 1시간 반, 결국 1년 뒤에는 2시간이나 앞당겼다. 지금은 새벽 5시에서 5시 반 사이에 일어나는 것이 나의 기본값이 되었다.

그렇게 나는 마침내 아침형 인간으로 거듭났다.

그리고 확실히 깨달았다. 지금 당장 세상은 바꿀 수 없지만, 나 자신만은 바꿀 수 있다는 사실. 스스로가 정한 한계를 깨부술 때, 비로소 자신을 둘러싼 아집과 고정관념의 껍질이 깨지고, 새로운 세상과 기회의 문이 열린다는 사실이다.

때마침 그 무렵 '다이어트 챌린지'를 개최하게 되면서, 주최자였지만 먼저 스스로를 증명해야겠다는 마음으로 "매일 딱 15분만 하자."는 목표를 세우고 운동을 시작했다. 지금은 어디를 가든 매일 1시간 이상 운동하는 것이 당연한 습관이 되었고, 이 작은 변화가 8년 넘게 이어져 오고 있다.

그동안 나는 해마다 새로운 도전을 거듭해 왔다. 국가 자격증을 취득했고, 다수의 국제 특허를 확보했으며, 바디 프로필 촬영과 전문 사격선수 활동, 그리고 책 출간이라는 성과까지 이끌어낼 수 있었다. 그리고 어느새, 어떤 이들은 일생에 한 번 갈까 말까 한 유럽을 나는 한 해 두 번씩 다녀올 만큼의 여유도 함께 가지게 되었다.

일본의 경영전략가 오마에 겐이치 大前研一 [29]는 강연과 저술을 통해 이렇게 강조해 왔다.

"인간이 변하는 세 가지 방법은 시간 배분을 바꾸는 것, 사는 장소를 바꾸는 것, 사귀는 사람을 바꾸는 것이다."

결국 나에게는 그 시간관리 프로젝트가 인생의 터닝포인트가 되었다. 그곳에서 열정적인 강사와 참여자들을 만나 나의 우선순위와 시간

---

29) 오마에 겐이치(大前研一), 다수의 강연 및 칼럼에서 반복적으로 언급한 핵심 메시지. 예: 「大前流: 自分を変革する3つの方法」, PRESIDENT Online, 2015.

배분을 새롭게 재조정하고, 삶의 루틴을 바꿀 수 있었기 때문이다. 오마에 겐이치가 말한 '세 가지'를 한 공간에서 모두 이룬, 삼위일체의 쾌거였다.

그렇다. 누구에게나 변화의 기회는 반드시 찾아온다.

바로 오늘, 이 책을 통해 마주한 우리의 만남이, 여러분 인생의 진정한 터닝포인트가 되기를 바란다.

저속노화는 현실이다

"건강한 사람은 천 가지를 원하지만, 병든 사람은 오직 단 하나만을 바란다."

이처럼 건강은 비교 가능한 '상대적 가치'가 아니라 대체 불가능한 '절대 가치'다.

건강이 나빠지면 누구나 당황하고 두려워하지만, 결국엔 받아들일 수밖에 없다. 치료할지, 방치할지 선택의 기로에 서기 때문이다. 아이러니하게도 우리는 건강이 나빠질 수 있다는 사실은 쉽게 인정하면서도, 다시 좋아질 수 있다는 가능성에는 유독 인색하다. 마치 회복은 불가능하다는 부정적 믿음에 갇혀 스스로 변화의 기회를 포기해 버린다.

그러나 한 가지 고무적인 사실은, 변화가 언제든지 가능하다는 점이다. 우리의 몸은 본래 '항상성 homeostasis'을 유지하려는 성질을 지닌다. 이 성질을 잘 활용하면 스스로를 회복하는 강력한 치유 기전機轉[30]이 된다. 외부 감염이나 사고가 아닌 이상, 건강 악화의 상당 부분은 잘못

---

[30] 기전(機轉 mechanism)이란 어떤 생리적 변화가 일어나는 작동 원리나 메커니즘을 의미하며, 이 책에서는 자세 변화가 몸의 회복 반응을 유도하는 일련의 과정을 뜻한다.

된 생활습관에서 비롯된다. 이 습관들을 하나씩 해체해 들어가다 보면, 결국 그 핵심에 '자세'라는 요인과 마주하게 된다.

바른 자세를 회복하면 자율신경계가 안정되고, 몸은 항상성을 되찾아 자연스럽게 건강을 향한 반응을 일으킨다. 이는 나의 주관적 주장이나 과장이 아니다. 이미 학계의 권위 있는 연구를 통해 입증된 사실이며, 단지 대중에게 충분히 알려지지 않았을 뿐이다.

인간의 몸은 참으로 경이롭다. 그것은 '마음이 보내는 신호'에 따라 반응하고 변화하는 살아있는 생리적 시스템이다.

1979년, 하버드대학교 심리학자 엘렌 랭어 Ellen Langer 박사는 이를 입증하는 획기적인 실험을 진행했다. 이른바 "카운터클락와이즈 Counterclockwise 연구"라 불리는 이 실험에서, 10명의 70대 남성 참가자들은 20년 전인 1959년의 물리적 환경으로 복원된 공간에 일주일간 머물렀다. 이곳에는 그 시대의 뉴스, 음악, 가구, 의복 등이 준비되었고, 거울을 없앴으며 참가자들은 당시의 자신으로 돌아간 듯한 상황 설정 속에서 생활하도록 요청받았다.

그리고 정말 놀라운 결과가 나왔다. 단 일주일 만에 참가자들의 시력, 청력, 유연성, 근력, 지능검사 점수, 관절 가동범위 등에서 유의미한 개선이 관찰되었다. 어떤 약물도, 운동도 없이 오직 '인지적 틀의 전환'만으로 일어난 변화였다.

랭어 박사는 이 결과를 통해 노화의 상당 부분은 단순히 나이에 의한 쇠퇴가 아니며, 자신이 어떻게 인식하느냐에 따라 되살아날 수 있음을 강조했다. 즉, 신체적 노화의 일부는 심리적 요인에서 비롯될 수 있다는 것이다.

이 실험은 현대 심리학에서 '마음이 몸에 미치는 영향'을 논의할 때 자주 인용되는 사례 중 하나로 손꼽힌다. 또한 이 결과는 오늘날의 우리에게 중요한 질문을 던진다.

"지금 내 몸의 피로와 무력감, 경직된 자세는 정말 나이 때문인가, 아니면 그렇게 믿고 살아온 '마음의 설정값' 때문인가?"

이제 더 이상 나이라는 틀에 갇혀 도전과 선택을 미루거나 포기하지 말자. 조금씩 변화의 걸음을 내딛으면 점진적 과부하가 쌓이듯, 몸과 마음은 더 큰 근력과 회복력을 얻게 될 것이다. 우리의 뇌와 신체는 본래 끊임없이 적응하고 발전하도록 설계되었다. 시계의 초침이 흘러가는 지금 이 순간에도 당신은 여전히 '현역'의 삶을 선택할 수 있다.

우리는 결국 우리가 생각하는 대로 된다. 더 정확히는, 우리가 믿는 대로 살아가게 된다. 그러니 상황과 환경에 휘둘릴 필요가 없다. 내면의 감정과 마음을 외부의 고착된 관념이나 불필요한 잡음으로부터 벗어나 먼저 스스로의 내면세계를 다스리는 훈련을 시작해보자. 당신의 한계는 환경이나 타인의 말이 아니라, 오직 당신만이 정할 수 있다.

몸은 결국 감정이란 '소프트웨어'에 반응하는 '하드웨어'다. 아직 어디서부터, 어떻게, 무엇부터 해야 할지 막막하다면 이 책의 각 장을 차근차근 따라 해보길 강력히 추천한다. 책에 담긴 내용, 그 어떤 것이든 시작만 한다면 당신은 이미 포스 퍼포머의 정체성과 믿음을 세워가는 여정 위에 서 있게 된다.

단순한 하루 딱 9분의 자세 정렬 루틴 속에서 당신은 변화를 분명히, 그리고 반드시 경험하게 될 것이다.

나는 16년째 포스 퍼포머로 살아오며 몸과 마음, 그리고 경제적 풍요까지 얻었다. 기업가로서 출판에 성공한 작가가 되었고, 동시에 마흔이 넘은 나이임에도 현역 사격선수로 활동하며 꾸준히 새로운 도전을 펼치고 있다. 내 아내 역시 교육과 자격 과정을 통해 새로운 전문가들을 길러내며, 사회에 선한 영향력을 나누고 있는 포스 퍼포머다.

현재 내 삶은 더할 나위 없이 풍요롭고 행복하다. 그리고 앞으로도 나는 사명에 의한 목적과 가치를 추구하며, 매일 조금씩 성장해 나갈 것이다. 그 비밀은 하나도 빠짐없이 내가 매일 꾸준히 실천해 온, 이 책의 원리와 방법 속에 모두 담겨 있다.

이제는 당신 차례다.

교정 → 운동 → 습관 → 자유
Correction → Exercise → Habit → Freedom

여정에 오르지 않으면, 어떤 여행도 있을 수 없다. 당신은 그 무엇보다 먼저 올바른 방향을 설정해야 한다. 그리고 그 방향은 거창한 결심이 아니라, '바른 자세'라는 일상의 작은 행동에서 비롯된다. 그것이 당신의 삶에 첫 단추를 채우고, 정체성과 신념을 세우며, 삶의 모든 영역에서 자연스럽게 레벨업[31]과 스케일업[32]을 이끌어낼 것이다.

---

31) 레벨업(Level-up): 원래 게임 용어에서 비롯된 표현으로, 개인의 역량 강화, 자기계발에서 흔히 쓰이며 "질적 성장"의 의미를 담고 있다.
32) 스케일업(Scale-up): 제품, 서비스, 조직이 초기 단계를 넘어 더 큰 시장과 시스템으로 확장되는 과정을 말한다.

내가 직접 경험했던 것처럼.

그리고 마침내, 이전과는 전혀 다른 당신이 진정으로 바라왔던 삶과 마주하는 순간이 반드시 찾아올 것이다.
"교정에서 자유까지—오늘 시작한 하루 9분의 자세 정렬 루틴이 당신의 인생을 바꾼다."

기억하라. 작은 변화에서 시작된 이 여정은 결국 당신의 삶 전체를 다시 쓰게 될 것이다.

"당신의 영원한 찰나,
가장 아름답게 빛날
바로 그 순간을 응원한다."

Epilogue

포스 퍼포머의 길을 선택한 당신에게

라이프 포스는 단 한 번뿐인 인생에서 던져야 할 가장 본질적인 질문입니다. 이는 동시에 "삶을 어떤 태도와 자세로 살아갈 것인가?"에 대한 스스로의 해답을 탐색하는 여정 그 자체입니다. 포스 퍼포머는 바른 자세를 삶의 우선순위로 삼고, 그것을 행동으로 옮기는 사람입니다.

우리는 매일 시간과 중력에 맞서 싸웁니다. 노화, 통증, 체형 붕괴, 에너지 고갈…. 그러나 이제 분명히 깨달았습니다. 모든 변화의 출발점은 바르고 꼿꼿한 자세입니다.

곧게 선다는 것은 뇌를 깨우고, 세포를 정렬하며, 감정과 신경계를 리셋하는 일입니다. 자세가 그 무엇보다 지속가능하고 매력적인 이유는, 돈이 들지 않기 때문입니다. 작은 실천 하나가 건강의 씨앗이 되고, 그 건강은 성장을, 성장은 더 큰 자유를 가능케 합니다.

저와 아내는 이 힘을 직접 경험했습니다. 자세가 달라지자 삶을 대하는 태도가 달라졌고, 우리의 직업과 인생의 궤적 또한 180도 바뀌었습니다. 지난 16년간 수많은 사람을 만나 영향을 주고받으며 그 변화를 함께 목도해 왔습니다. 이제 그 변화의 주인공은 바로 당신입니다.

이제 거울 앞에서 이렇게 선포해 보십시오.

"나는 앞으로도 내 나이보다 훨씬 더 젊고 생기 있는 건강을 유지하고 있을 것이다."

"나는 내 삶을 더욱 아름답고 건강하게 디자인해 놓았을 것이다."

"그리고 10년 후, 나는 지금보다 훨씬 더 활기찬 나로 살아왔을 것이다."

이것은 단순한 바람이 아니라, 뇌가 미래를 현재로 인식하는 과학적 언어의 힘입니다. 신경과학자들은 말합니다. 뇌는 '미래완료 시제'를 현실의 신호로 받아들입니다. 즉, "될 것이다"가 아니라 "되어 있다"고 선언할 때, 뇌는 이미 그것을 경험한 것으로 인식하고 그에 맞는 감정과 행동 회로를 스스로 구축하기 시작합니다.

우리의 말은 뇌에 신호를 보내고, 뇌는 몸을 움직입니다. "반드시 해낼 수 있다"가 "마침내 해냈다"로 바뀌는 순간, 당신의 삶은 이미 새로운 현실 속에 서 있는 것입니다.

"바른 자세가 곧 아름답고 건강한 몸이다."

이 문장이 이 책의 끝맺음이 아니라, 당신 인생 성장의 새로운 첫 문장이 되기를 진심으로 바랍니다.

그리고 끝으로, 이 책이 세상에 빛을 볼 수 있게 해주신 도서출판 지식공감, 그리고 우리의 소중한 분들께 깊이 감사드립니다. 사랑하는 장모이자 삶의 길잡이가 되어주신 어머니 고 성혜자 님, 언제나 묵묵히, 아들의 선택에 모든 것을 걸고 전적으로 지지해주신 아버지 엄상섭 님, 따뜻한 품과 강인한 의지로 생의 뿌리를 지켜주신 어머니 박춘자 님-

이 책은 당신들의 기도와 헌신 위에 맺어진 작은 열매이자, 깊은 감사의 고백입니다. 그리고 이 여정의 처음부터 함께하며 사랑과 응원을 아끼지 않은 나의 영혼의 단짝, 아내 이지혜에게 이 책을 바칩니다. 끝으로 이 모든 지혜를 허락하신 창조주 하나님께 모든 영광을 돌립니다.

2025년 7월

**당신의 라이프 포스 코치,
엄태호**

●● 포스 퍼포머
7계명 핵심 해설

포스 퍼포머 실천 7계명 핵심 해설

우리가 정의한 포스 퍼포머의 길은 단순하다.
삶을 바로 세우고, 매일의 태도를 정렬하며, 자기 규율을 지켜내는 것이다.
이 일곱 가지 계명을 반복한다면, 당신은 이미 '포스 퍼포머'로 성장하고 있다.

1. 질서 (Order)

무질서한 삶에 질서를 부여하라.
작은 정리가 큰 변화를 만든다.
하루의 책상 정리, 일정의 분류, 루틴의 정렬은 단순한 습관이 아니라
두뇌가 안정감을 회복하고 통제감을 되찾는 과정이다.

심리학자 가드너(Gardner, 2012)는 이를
'인지적 정렬(cognitive alignment)'이라 불렀다.
질서는 단순한 청소가 아니라, 내면의 균형을 되찾는 첫 번째 회복 루틴이다.

2. 규율 (Discipline)

자신과의 규칙을 세우고 지켜라.
약속을 지키는 힘이 곧 자기 신뢰다.
규율은 억압이 아니라 자신과의 신뢰 계약이며,
작심삼일을 넘기는 힘은 의지가 아니라 구조에서 나온다.

하버드대 연구진은 목표 달성을 돕는 전략으로
'If-Then 계획법'을 제시했다.
"만약 아침 7시에 눈을 뜬다면, 곧바로 스트레칭을 한다."
이처럼 구체적 행동의 자동화가 진짜 규율을 만든다.

3. 목적 (Purpose)

어떤 삶과 가치가 우선인지 분명히 하라.
목적과 목표는 방향을 정하고, 방향은 행동을 이끈다.
'왜'라는 질문이 명확할수록 '어떻게'는 자연스럽게 따라온다.
노르웨이과학기술대(NTNU, 2024)의 성장 마인드 연구에 따르면,
분명한 목적을 가진 사람은 피로보다 동기(motivation)를 앞세운다.
목적은 오늘을 살아가는 이유이자 동기로서,
단기적 성취의 대상인 목표(goal)와 구분된다.
즉, 목적은 행동을 지속시키는 에너지의 원천이다.

4. 책임 (Responsibility)

매일의 일상에 책임을 지고, 오늘의 일은 오늘 마쳐라.
책임은 무게가 아니라 방향이다.
자신의 하루를 끝까지 마무리하는 루틴은
자존감의 근육을 단단하게 만든다.
심리학자 데스테노(DeSteno, 2016)는
"책임감 있는 행동을 반복하는 사람은
스트레스 상황에서도 자기조절력을 유지한다"고 밝혔다.
결국 책임은 자기 확신의 가장 강력한 형태다.

5. 영감 (Inspiration)

영감이 왔을 때 주저하지 말고 행동하라.
그 순간이 운명을 바꾸는 기회다.
영감은 하늘에서 떨어지는 번개가 아니라,
집중과 몰입이 만들어내는 창조의 에너지 전환이다.
심리학자 트래시와 엘리엇(Thrash & Elliot, 2003)은
"영감은 행동을 촉발시키는 감정의 점화(trigger)"라고 정의했다.
떠오른 생각을 붙잡고 행동으로 옮기는 사람만이
그 영감을 현실로 변환시키는 창조자가 된다.

6. 실행 (Execution)

목표는 반드시 숫자와 기한으로 명시하라.
막연한 다짐은 결심이 아니라 희망에 불과하다.
실행은 의지가 아니라 설계의 문제다.
록과 레이섬(Locke & Latham, 2019)의 연구에 따르면,
구체적이고 측정 가능한 목표를 가진 사람은
그렇지 않은 사람보다 성과 달성 확률이 90% 이상 높다.
우리의 뇌는 추상적 언어보다 구체적 수치에 더 강하게 반응한다.
전전두엽(prefrontal cortex)은 '언제까지', '얼마나' 같은 단서를 인식할 때
실행 회로를 활성화하며, 이 과정이 실제 행동을 촉발한다.
따라서 실행이란 단순히 '시작하는 것'이 아니라,
뇌의 에너지를 현실로 전환시키는 인지적 스위치(cognitive switch)다.
작은 실행이 거대한 추진력을 만든다.
오늘의 1분 실행은 곧 내일의 10배 확신으로 이어진다.
포스 퍼포머는 말의 설계자가 아니라, 행동의 건축가다.

7. 긍정 (Positivity)

매일 감사하며 모든 상황을 긍정으로 해석하라.
태도가 운명을 바꾼다.
긍정은 단순한 낙관이 아니라, 인간의 신경계가 가진 창조의 근원이다.
심리학자 프레드릭슨(Fredrickson, 2001)의
'확장-구축 이론(Broaden-and-Build Theory)'에 따르면,
감사와 긍정의 감정은 사고의 폭을 넓히고,
스트레스 호르몬을 완화시켜 뇌의 유연성을 높인다.
결국 긍정은 선택이 아니라 생존의 기술이다.
그리고 그 기술은 오늘의 태도에서 시작된다.

※ Life pose Insight

흥미롭게도, 우리가 발견한 이 일곱 가지 계명은
현대 심리학과 신경과학이 규명한 '성과를 낳는 습관의 법칙'과 정확히 맞닿아 있다.
이는 포스 퍼포머의 철학이 단순한 다짐이 아니라,
인간의 뇌와 마음이 최고의 리듬으로 작동하는 생물학적 진실임을 보여준다.
결국 과학은 뒤늦게 언어로 설명하고 있을 뿐,
우리는 이미 몸으로 실천해온 진리를 살고 있었다.
즉, 자세와 태도는 곧 신경학적 루틴이며,
그 정렬이 바로 삶의 에너지를 리셋하는 라이프 포스의 본질이다.

:: 참고문헌

⊙ 단행본(Books)

- 도이지, 노먼. 『스스로 치유하는 뇌: 뇌 가소성 임상연구를 통해 밝혀낸 놀라운 발견과 회복 이야기』. 장호연 옮김, 히포크라테스, 2023.
- Clear, J. Atomic Habits. Penguin Random House, 2018. (제임스 클리어, 『아주 작은 습관의 힘』, 비즈니스북스, 2019.)
- Cuddy, A. Presence: Bringing Your Boldest Self to Your Biggest Challenges. Little, Brown, 2015. (에이미 커디, 『프레즌스』, 청림출판, 2016.)
- Dalio, R. Principles: Life and Work. Simon & Schuster, 2017. (레이 달리오, 『원칙』, 한빛비즈, 2018.)
- Doidge, N. The Brain That Changes Itself. Viking, 2007. (노먼 도이지, 『그것은 뇌가 아니다』, 바다출판사, 2008.)
- Drucker, P. F. Managing Oneself. Harvard Business Review Press, 1999. (피터 드러커, 『자기경영노트』, 한국경제신문, 2006.)
- Emoto, M. The Hidden Messages in Water. Beyond Words Publishing, 2004. (마사루 에모토, 『물은 답을 알고 있다』, 물병자리, 2005.)
- Erikson, E. H. Identity: Youth and Crisis. W. W. Norton & Company, 1968. (에릭 에릭슨, 『청소년과 정체성 위기』, 학지사, 1994.)
- Hill, N. Think and Grow Rich. The Ralston Society, 1937. (나폴레옹 힐, 『성공의 법칙』, 더클래식, 2010.)
- Kendall, F. P., McCreary, E. K., & Provance, P. G. Muscles: Testing and Function with Posture and Pain. Lippincott Williams & Wilkins, 2005. (켄달 외, 『근육검사와 기능: 자세와 통증』, LWW, 2005.)
- Langer, E. J. Counterclockwise: Mindful Health and the Power of Possibility. Ballantine Books, 2009. (엘렌 랭어, 『젊음의 샘』, 리더스북, 2010.)

- Robbins, T. Awaken the Giant Within. Free Press, 1991. (토니 로빈스, 『네 안의 거인을 깨워라』, 청림출판, 2007.)
- Sahrmann, S. A. Diagnosis and Treatment of Movement Impairment Syndromes. Mosby, 2002. (S. A. 셔만, 『운동손상증후군의 진단과 치료』, 권오윤 외 역, 범운에듀케이션, 2022.)
- García, H. & Miralles, F. Ikigai: The Japanese Secret to a Long and Happy Life. Penguin Books, 2016. (H. 가르시아 & F. 미라예스, 『나이 들어가는 내가 좋습니다』, 이주영 역, 세종서적, 2020.)

◉ 학술논문(Articles)

- Antza, C., et al. The links between sleep duration, obesity and type 2 diabetes: meta-analysis and cohort data. PMC, 2021.
- Arck, P. C., et al. "Neuroimmunology of stress: skin takes center stage." Journal of Investigative Dermatology, 126(8), 1697-1704, 2006.
- Carney, D. R., Cuddy, A. J. C., & Yap, A. J. "Power posing: Brief nonverbal displays affect neuroendocrine levels and risk tolerance." Psychological Science, 21(10), 1363-1368, 2010.
- Chaput, J. P., & others. The role of insufficient sleep and circadian misalignment on metabolic outcomes. Nature Reviews (or similar), 2023.
- Chowdhury, F., et al. "Cytoskeletal prestress: The cellular hallmark in mechanobiology and mechanomedicine." Cytoskeleton, 78(5-6), 249-276, 2021.
- Cruz-Jentoft, A. J., et al. "Sarcopenia: revised European consensus on definition and diagnosis." Age and Ageing, 48(1), 16-31, 2019.
- Drossman, D. A. "Functional Gastrointestinal Disorders: History, Pathophysiology, Clinical Features, and Rome IV." Gastroenterology, 150(6), 1262-1279, 2016.
- Faure, E., Venturini, C., & Roca-Cusachs, P. "Cell compression

induces mechanosensing and mechanotransduction." Journal of Cell Science, 138(6), jcs263704, 2025.
- Fincham, B., Boustani, M. M., & Booth, R. W. "Effect of breathwork on stress and mental health: A meta-analysis." Scientific Reports, 13(1), 1176, 2023.
- Flavell, J. H. "Metacognition and cognitive monitoring: A new area of cognitive-developmental inquiry." American Psychologist, 34(10), 906-911, 1979.
- Huang, C.-J., et al. "Aerobic fitness, cortisol stress response, and cognition in older adults." Psychophysiology, 52(2), 2015.
- Hirotsu, C., Rydlewski, M., Araújo, M. S., Tufik, S., & Andersen, M. L. "The relationship between stress and sleep: From physiological to pathophysiological responses." Sleep Science, 12(3), 203-210, 2019.
- Kendall, F. P., McCreary, E. K., & Provance, P. G. Muscles: Testing and Function with Posture and Pain. Lippincott Williams & Wilkins, 2005.
- Kim, E. K., & Lee, H. J. "Effect of an exercise program for posture correction on back pain, flexibility, and balance of middle school students." Journal of Physical Therapy Science, 27(5), 1411-1414, 2015.
- Lee, J. H. "Effects of smartphone use on posture and respiratory function." Journal of Physical Therapy Science, 28(1), 292-294, 2016.
- Ma, X., et al. "The effect of diaphragmatic breathing on attention, negative affect and stress in healthy adults." Frontiers in Psychology, 8, 874, 2017.
- Mayer, E. A., et al. "The role of the brain-gut-microbiome axis in visceral pain." Nature Reviews Gastroenterology & Hepatology, 12(7), 397-405, 2015.
- Mehta, R. K., & Shortz, A. E. Obstructing posture influences mental

- workload and performance. Applied Ergonomics, 45(6), 1332-1338. https://doi.org/10.1016/j.apergo.2014.04.003.
- Nair, S., et al. "Do slumped and upright postures affect stress responses? A randomized trial." Journal of Behavior Therapy and Experimental Psychiatry, 47, 139-146, 2015.
- Niederer, D., Vogt, L., Thiel, C., Schmidt, K., & Banzer, W. "The influence of postural control on emotional states." Frontiers in Psychology, 10, 1972, 2019.
- Nishimura, H., et al. "Detection of cognitive decline by spinal posture assessment." Scientific Reports, 12, 2022.
- Nishimura, Y., Nakamura, K., Kajiwara, Y., Hiraoka, K., & Kobayashi, R. (2022). Spinal alignment and cognitive impairment in community-dwelling older adults: A cross-sectional study. Geriatrics & Gerontology International, 22(2), 136-143. https://doi.org/10.1111/ggi.14286
- Okada, T., et al. (2019). Forward head posture leads to decrease of frontal lobe activity in cognitive tasks. Journal of Physical Therapy Science, 31(8), 650-655. https://doi.org/10.1589/jpts.31.650
- Paolucci, T., Attanasi, C., Cecchini, W., Marazzi, A., Capobianco, S. V., & Santilli, V. "Chronic low back pain and postural rehabilitation exercise: A literature review." Journal of Pain Research, 11, 1301-1312, 2018.
- Park, S. H., & Yoo, W. G. "Effect of the forward head posture on respiratory function." Journal of Physical Therapy Science, 27(3), 979-981, 2015.
- Park, S. H., Lee, M. M., & Oh, S. E. "Correlation between pulmonary functions and respiratory muscle activity in patients with forward head posture." Journal of Physical Therapy Science, 30(1), 132-135, 2018.
- Pellissier, S., Dantzer, C., Canini, F., Mathieu, N., Bonaz, B., &

- Dantzer, R. "Relationship between vagal tone, cortisol, and IBS symptomatology." PLOS ONE, 9(9), e105328, 2014.
- Peper, E., & Lin, I. "Increase or decrease depression: How postures affect mood." Biofeedback, 40(3), 125–130, 2012.
- Peper, E., et al. "Posture affects emotions: Adopting an expansive posture reduces depression symptoms." Biofeedback, 44(1), 18–24, 2016.
- Rajendran, D., et al. "Mechanobiology of the cell nucleus and implications for biomaterials research." Biomaterials Research, 27, 8, 2023.
- Reddy, R. S., et al. "Influence of sitting posture on brain activity: An EEG study." Frontiers in Human Neuroscience, 15, 682368, 2021.
- Robert, L., & Hedge, A. "The effect of posture on productivity: An ergonomic study." Applied Ergonomics, 34(6), 533–540, 2003.
- Takahashi, M., et al. Short sleep duration is a significant risk factor of obesity: a systematic review and meta-analysis of prospective cohort studies. PLOS ONE, 2025.
- Tanaka, Y., Kanazawa, M., & Fukudo, S. "The role of brain–gut interactions in the pathophysiology of irritable bowel syndrome." Journal of Neurogastroenterology and Motility, 27(2), 179–192, 2021.
- van Egmond, L. T., et al. Effects of acute sleep loss on leptin, ghrelin, and adiponectin. Obesity, 2023.
- Venturini, C., et al. "The nucleus measures shape changes for cellular mechanotransduction." Science, 370(6514), eaba2644, 2020.
- Xu, Q., et al. Association between sleep duration and patterns and obesity. BMC Public Health, 2025.
- Zouboulis, C. C. "Endocrinology of the sebaceous gland." Dermatology, 236(1), 4–8, 2020.

⊙ 기관 보고서/웹 자료(Reports)

- Allison J. "Posture Reset Challenge." Online Campaign Report, 2023.
- American Physical Therapy Association (APTA). Clinical Practice Guideline for Physical Therapy. APTA, 2019.
- American Psychological Association (APA). Stress in America Survey. APA, 2021.
- Harvard Health Publishing. How long does it take to form a habit? Harvard Medical School, 2019.
- Johns Hopkins Neurology. Posture and Brain Health Report. Johns Hopkins Univ., 2022.
- MIT Brain & Cognitive Sciences. Neuroscience of Habit Formation. MIT, 2021.
- National Center for Geriatrics and Gerontology (Japan). Posture and Fall Risk in Elderly Adults. NCGG, 2017.
- 국민건강보험공단. 『50세 이상 여성 골다공증 현황 보고서』. 국민건강보험공단, 2020.
- 건강보험심사평가원(HIRA). 『척추질환 진료비 통계 보고서』, 2022.
- 대한산부인과학회. 『임신 후기 산전 관리 지침』, 2021.
- 대한신경외과학회. 『대한신경외과학회 진료지침』, 2021.
- OECD. Physical Activity Statistics. OECD, 2020.
- Slimmingo Group & 국제바른자세습관지도사협회. 압박 의류가 청소년 수영선수 성장에 미치는 효과 연구. 2023.
- Slimmingo Group & 건국대학교 글로컬산학협력단. 자세 교정 의류의 골프 운동 수행 효과 검증. 2023.
- (사)국제바른자세습관지도사협회. 체형 불균형 예방 교육 프로그램 보고서. 2023.
- Tokyo University. Intergenerational Movement Study. Tokyo Univ., 2020.

- Nippon Sport Science University. Setagaya Ward Children Sleep Habits Study. 2021.
- Tohoku University. Neck Posture and Cognitive Decline in Elderly Adults. Tohoku Univ., 2021.
- World Health Organization (WHO). Global Health Risks: Physical Inactivity. WHO, 2022.
- World Health Organization (WHO). Falls: Key facts. WHO, 2021.
- World Happiness Report. World Happiness Report 2024. SDSN, 2024.

⊙ 방송(Broadcasts)

- Bloomberg Billionaires Index. "Elon Musk net worth rankings." Bloomberg, 2025.
- Business Insider. "Apple expands wellness initiatives with mindfulness and fitness programs." Business Insider, 2022.
- Business Insider. "Apple's Employee Wellness Programs Expand with Mindfulness and Fitness Focus." Business Insider, 2022.
- Celebrity Net Worth. "Kobe Bryant Net Worth at the time of his death." Celebrity Net Worth, 2025.
- ESPN. "NBA Interviews (2012-2020)." ESPN.com.
- Forbes. "World's Billionaires List 2025." Forbes Media, 2025.
- Forbes. "High Performers' Posture Habits." Forbes, 2023.
- Glamour Magazine. "Posture and Lifestyle Feature." Glamour, 2023.
- Girlstyle.com. "방탄소년단 뷔, 자세 관련 기사." Girlstyle, 2020.
- Harvard Business Review. "Self-regulation and body awareness in leadership." HBR, 2020.
- Inc. "Tim Cook's Daily Routine: Early Riser, Fitness First." Inc., 2021.
- JTBC. 『겟잇뷰티』 방송분, 2016.05.18.

- KBS. 『생로병사의 비밀』, 조클레타 윌슨 사례.
- Leman Manhattan Preparatory School. "Posture Reset Time Program." School Newsletter, 2019.
- MBC. 『나 혼자 산다』 방송분, 2020.
- MIT Sloan Management Review. "The hidden power of posture in leadership communication." MIT Sloan School of Management, 2020.
- NBA.com. "선수 인터뷰(2012-2020)." NBA.com.
- Newsen. "르세라핌 관련 보도." Newsen, 2024.
- Prevention Magazine. "5-minute posture routine improved health and reemployment." Prevention, 2021.
- SBS. 『달려라 방탄』 방송분, 2020.
- The Sun. "Posture and Lifestyle Feature." The Sun, 2024.
- TIME. "Posture and Health Feature." TIME Magazine, 2012.
- TIME. "Posture and Modern Lifestyle." TIME Magazine, 2024.
- TonyRobbins.com. "Morning Priming Routine." Tony Robbins Official Website.
- Tony Robbins. "Why We Do What We Do." TEDx San Francisco, 2006.
- Weverse Magazine. "르세라핌 카즈하 데뷔 인터뷰." Weverse Magazine, 2022.05.
- Yahoo Lifestyle. "Taylor Swift's Posture and Breathing Techniques Behind Stage Presence." Yahoo Lifestyle, 2024.
- Blind Korea. "직장인 자세·건강 설문조사." Blind Korea, 2022.
- 유튜브 일일칠-117 채널, 『덱스의 냉터뷰』 EP.29 아이브(IVE) 장원영 출연, 2025년 1월 16일 방송.

라이프포스
THE LIFE POSE

초판 1쇄	2025년 11월 14일
지은이	엄태호
발행인	김재홍
교정/교열	김혜린
내지디자인	박효은
표지디자인	최정만 (주)슬리밍고그룹 기획이사
마케팅	이연실
발행처	도서출판지식공감
등록번호	제2019-000164호
주소	서울특별시 영등포구 경인로82길 3-4 센터플러스 1117호(문래동1가)
전화	02-3141-2700
팩스	02-322-3089
홈페이지	www.bookdaum.com
이메일	jisikwon@naver.com
가격	22,000원
ISBN	979-11-5622-961-2 03190

ⓒ 엄태호 2025, Printed in South Korea.

- 이 책은 저작권법에 따라 보호받는 저작물이므로 무단전재와 무단복제를 금지하며, 이 책 내용의 전부 또는 일부를 이용하려면 반드시 저작권자와 도서출판지식공감의 서면 동의를 받아야 합니다.
- 파본이나 잘못된 책은 구입처에서 교환해 드립니다.